巨灾债券的创新设计与定价研究

巢 文 ◎ 著

中国财经出版传媒集团

经济科学出版社
Economic Science Press

·北 京·

图书在版编目（CIP）数据

巨灾债券的创新设计与定价研究/巢文著．－－北京：
经济科学出版社，2024.7
ISBN 978－7－5218－5210－3

Ⅰ.①巨…　Ⅱ.①巢…　Ⅲ.①灾害保险－证券交易－
研究－中国②灾害保险－定价－研究－中国　Ⅳ.
①F842.64

中国国家版本馆 CIP 数据核字（2024）第 084772 号

责任编辑：梁含依　胡成洁
责任校对：刘　娅
责任印制：范　艳

巨灾债券的创新设计与定价研究
JUZAI ZHAIQUAN DE CHUANGXIN SHEJI YU DINGJIA YANJIU
巢　文　著
经济科学出版社出版、发行　新华书店经销
社址：北京市海淀区阜成路甲 28 号　邮编：100142
经管中心电话：010－88191335　发行部电话：010－88191522
网址：www.esp.com.cn
电子邮箱：espcxy@126.com
天猫网店：经济科学出版社旗舰店
网址：http://jjkxcbs.tmall.com
北京季蜂印刷有限公司印装
710×1000　16 开　11.75 印张　210000 字
2024 年 7 月第 1 版　2024 年 7 月第 1 次印刷
ISBN 978－7－5218－5210－3　定价：53.00 元
（图书出现印装问题，本社负责调换。电话：010－88191545）
（版权所有　侵权必究　打击盗版　举报热线：010－88191661
QQ：2242791300　营销中心电话：010－88191537
电子邮箱：dbts@esp.com.cn）

　　本书受福建理工大学专利专著提升经费和绿色与创新发展团队的经费资助，在此表示诚挚的谢意！同时本书主要作为福建省自然科学基金面上项目"基于马氏调节风险模型的台风风险评估与分散机制研究"（2023J01941）资助下的研究成果总结。

序

近年来，随着自然环境的不断变化以及人类社会活动的日益增多，各种巨灾事件频繁发生，给各国都造成了严重的损失。我国由于幅员辽阔、地形复杂且气候多变，更是受影响最严重的国家之一。巨灾风险因为其损失巨大、发生概率小的特点，被称为极端事件。极端事件一旦发生，造成的影响往往是灾难性的，人们可能因为巨灾事件流离失所，而政府则需要承担巨灾事件后的救助责任，这将会给国家财政带来压力。而日益壮大的保险、再保险市场在分散巨灾风险方面，却没有充分发挥其应有的作用。为了寻找新的巨灾风险分散方式，以满足不断增长的巨灾保险需求，人们将目光从（再）保险市场转向发达的资本市场。由于资本市场具有资金数量大、流动性强等优势，如果能利用强大的资本市场实行风险证券化，无疑是一条有效的途径。巨灾债券是近年来出现的一种非常成功的巨灾衍生品。它通过债券交易的方式，将原本由（再）保险市场承担的巨灾风险通过证券化的形式转移到广阔的资本市场。目前，我国已经初步具备发行巨灾债券的基础条件和市场环境。积极开展巨灾债券定价模型的研究具有重要的现实意义和战略意义，可以为我国巨灾债券的发行提供技术支持，提高巨灾风险转移能力，减轻政府财政压力。

考虑到当前资本市场投资者需求的多样化和风险偏好的不同，

本书构建了风险程度不同的几种巨灾债券——单事件触发巨灾债券、双事件触发巨灾债券、多事件触发巨灾债券。综合运用极值理论、Copula 函数和机器学习等方法构建巨灾损失风险评估模型，在此基础上采用无套利和均衡等定价方法给出不同触发机制下的巨灾债券价格。通过对巨灾债券定价问题的研究，可以不断丰富巨灾债券产品，以满足不同风险偏好投资者的需求，进而提高巨灾债券的市场容量。

本书构建的定价模型较现有巨灾定价模型在巨灾变量间相关性刻画、触发值设定等方面都有一定的改进和完善，相应的研究成果可为巨灾相关管理部门提供新思路，具有较高的应用价值和政策性推广前景。

本书的主要章节安排如下：第 1 章是绪论，阐述本书的研究背景和研究内容等；第 2 章是对巨灾债券的相关理论进行阐述；第 3 章讨论单事件触发的巨灾债券定价问题；第 4 章讨论双事件触发的巨灾债券定价问题；第 5 章讨论三个及三个以上事件触发的多事件巨灾债券定价问题；第 6 章至第 8 章讨论了无差异巨灾债券、多地区相关的巨灾债券和多指标的巨灾债券定价问题；第 9 章是本书提出的政策建议；第 10 章是本书的研究结论与未来展望。

本书受到福建理工大学专利专著提升经费和绿色与创新发展团队的经费资助，在此表示诚挚的谢意！同时本书主要作为福建省自然科学基金面上项目"基于马氏调节风险模型的台风风险评估与分散机制研究"（2023J01941）资助下的研究成果总结。

此外，本书在写作过程中参考了大量文献，已尽可能地列在书后的参考文献中，但难免有遗漏，这里特向被漏列文献的学者表示歉意，并向所有学者表示诚挚的谢意！

由于时间仓促及作者水平有限，本书不足之处在所难免，敬望读者批评指正。

巢 文

2024 年 2 月

目　录

第1章 绪 论

1.1 选 题 背 景

人类的发展史是一部与大自然相互依存和相互斗争的历史。大自然在给予人类丰富资源的同时，也给人类带来了巨大的灾难。人类在利用各种自然资源的同时，还要不断地同洪水、海啸、地震、台风、泥石流等各种自然灾害作斗争。这些灾难遍布全球，造成了巨大的经济损失，也带走了很多无辜的生命。近年来，随着自然环境的变化和人类活动的日益增多，各种自然灾害发生的频率和造成的经济损失都呈上升趋势。根据瑞士再保险公司西格玛（Sigma）统计的 2011～2021 年全球巨灾数据①以及《北京师范大学：2022年全球自然灾害评估报告》，本章绘制了图 1-1 至图 1-4。从图 1-1 可以看出，全球因自然灾害而死亡的人数呈震荡式变动。最严重的是 2022 年，死亡人数高达 30759 人。从图 1-2 可以看出，全球的自然巨灾发生频率呈逐年上升态势。2022 年，全球共发生 321 次较大的自然灾害，受影响的国家和地区达到 118 个。由图 1-3 可知，2011～2022 年巨灾风险（Catastrophe Risk）所造成的经济损失高达百亿美元，令人瞠目。图 1-4 则描绘了全球自然巨灾造成的保险损失情况，如图所示，巨灾所造成的保险理赔数额非常巨大，这无疑给保险公司带来了沉重的负担。此外，综合图 1-3 和图 1-4 以及各自的损失数据还可以发现，自然灾害的保险赔偿比例平均在 20% 以上（如 1997 年，自然灾害保险赔付额为 90.65 亿美元，当年经济损失额为 410.84 亿美元，保险赔付占经济损失比为 23.06%；而 2017 年，这一占比为 41.85%），其中，

---

① https：//www.sigma-explorer.com/。

发达国家的保险赔付比例在30%以上，而我国这一比例则远低于发达国家水平。根据2021年瑞士再保险公司的报告《2021年自然灾害：关注洪灾风险》，亚洲仅有7%的洪灾经济损失具有保险保障，是洪灾保障缺口最高的地区。相比之下，欧洲地区的洪灾损失保险赔付比例能达到34%。可见，在巨灾保险覆盖水平上，我国同发达国家还有较大差距。

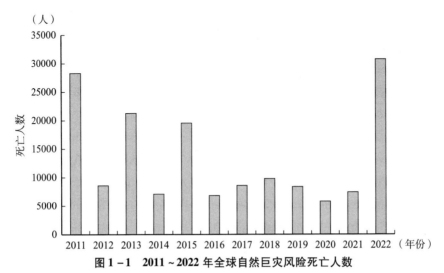

图1-1　2011～2022年全球自然巨灾风险死亡人数

资料来源：根据瑞士再保险公司西格玛统计的2011～2021年全球巨灾数据以及《北京师范大学：2022年全球自然灾害评估报告》绘制。

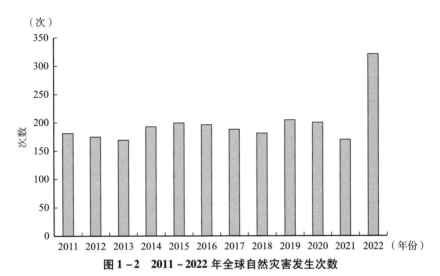

图1-2　2011～2022年全球自然灾害发生次数

资料来源：根据瑞士再保险公司西格玛统计的2011～2021年全球巨灾数据以及《北京师范大学：2022年全球自然灾害评估报告》绘制。

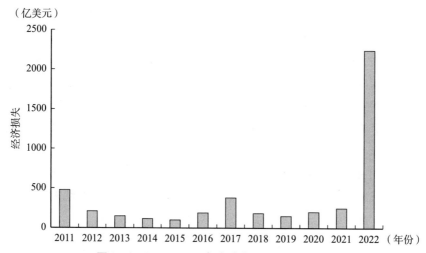

图 1 - 3　2011～2022 年全球自然巨灾损失统计

资料来源：根据瑞士再保险公司西格玛统计的 2011～2021 年全球巨灾数据以及《北京师范大学：2022 年全球自然灾害评估报告》绘制。

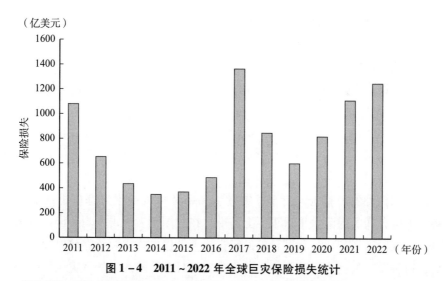

图 1 - 4　2011～2022 年全球巨灾保险损失统计

资料来源：根据瑞士再保险公司西格玛统计的 2011～2021 年全球巨灾数据以及《北京师范大学：2022 年全球自然灾害评估报告》绘制。

据瑞士再保险公司统计，1992 年发生在美国佛罗里达南部的安德鲁飓风是美国历史上损失最为惨重的一次自然灾害。保险公司为其支付了 244 亿美元的赔偿，上千家保险公司因此在一夜间倒闭；2001 年美国"9·11"事件——美国世贸中心遭袭击，保险公司的理赔金额达到 402 亿美元；2004年印度洋大地震和海啸造成的罕见灾难，造成 15.6 万人死亡和 100 亿欧元的经济损失，保险公司的理赔金额也高达 50 亿美元。2011 年，是全球保险公司巨灾保险损失极为严重的一年。这一年，日本大地震及由此引发的海啸造成的保险损失达到 350 亿美元，新西兰地震的保险理赔达到 120 亿美元，澳大利亚和泰国的洪灾引发的保险损失有 100 亿美元，美国的两次大飓风也造成了 140 亿美元的保险理赔。

我国由于幅员辽阔、地形复杂且气候多变，是世界上自然灾害数量最多、受影响最严重的国家之一。据《中华人民共和国减灾规划（1998—2010 年）》提供的数据，我国自然灾害类型多——从地震、台风到干旱、洪灾、冰雹都有可能发生；发生频繁——我国自然灾害发生的频率约为美国的四倍，日本的两倍；是灾害损失最严重的国家之一——中华人民共和国民政部相关资料表明，中国每年因自然灾害造成的直接经济损失为 500 亿 ~ 600亿元人民币，折算成每天，损失额为 1 亿多元人民币。比较典型的几次自然灾害有：1998 年的特大洪水，农田受灾面积 3.34 亿亩，死亡人数达到 4150人，造成直接经济损失为 2551 亿元人民币；2008 年初南方多省遭受雨雪灾害，造成的损失总额为 1500 亿元；2008 年 5 月，四川省汶川县发生 8.0 级大地震，造成 69227 人遇难，直接经济损失高达 100000 亿元，而保险理赔仅为 353.58 亿元；2010 年的青海玉树 7.1 级地震，造成 2698 人死亡，直接经济损失 228.5 亿元；2016 年中国南方特大洪水，造成直接经济损失 506亿元；2020 年，南方多地发生暴雨，直接经济损失高达 3701.5 亿元；2023年，最强台风"杜苏芮"造成福建 145 万人受灾，直接经济损失 30 亿元。

从国内外的经验看，由于巨灾发生频率和造成的损失都呈迅速上升趋势，保险公司的保险水平远跟不上需求，在我国则表现得尤为突出。与国外发达的保险市场相比，我国目前的巨灾损失补偿方式主要依靠政府和社会救助，这种单一的巨灾风险管理模式很难应对日益严峻的自然巨灾风险。为了更好地分散巨灾风险，减轻国家财政压力，需要充分发挥保险（再保险）公司的作用。但巨灾风险具有发生概率小、损失巨大的特点，并且巨灾损失变量具有厚尾特征和高度相关性，与保险（再保险）公司所承保的一般商业风险不同，并不符合保险公司经营一般商业风险的大数定律基础。这给传统的（再）保险公司带来了巨大的挑战。

随着计算机信息技术的发展和资本市场信息完备性的提高，人们对资本市场的认知度不断提升。我国资本市场发展迅速、市场容量巨大、资金力量雄厚。此外，相应法律制度的健全、硬件技术设备的完善和数字经济的发展也进一步促进了资本市场与保险市场的融合发展。资本市场的吸引与保险市场的推动使巨灾证券化产品应运而生。巨灾证券化将传统意义上不可保的风险，通过证券化的形式转移到资本市场，达到可保的效果。作为一种对传统保险方式的补充，巨灾证券化不仅扩大了保险市场的容量，也为资本市场提供了新的投资产品，丰富了证券市场。近年来，国际保险市场出现了多种不同的巨灾证券化产品，如巨灾期权、巨灾互换、巨灾期货、巨灾债券等。1992 年芝加哥期货交易所（CBOT）推出了第一只巨灾期货和期权，开创了巨灾保险衍生品的先河。之后，该交易所在 1995 年又推出了财产赔付服务的巨灾期权。但是，由于成交量很小，分别在 1995 年和 2000 年停止交易。百慕大商品交易所在 1997 年推出了巨灾指数期权，是芝加哥交易所的巨灾期权之外的一种补充产品。当前，巨灾债券是众多巨灾证券化产品中发展最成熟、最成功的金融创新工具。1994 年，汉诺威再保险公司发行了第一只巨灾风险债券（Swiss，2001）。而在 1999 年，东京的迪士尼乐园以当地的地震风险为标的，发行了地震巨灾风险债券，这是首次由非金融公司发行成功的巨灾债券（Cummins，2008）。

迄今为止，美国已经发行了一百多次巨灾债券，所承担巨灾损失风险金额已经达到 150 亿美元。随着人们对资本市场的认知度越来越高，巨灾债券已经越来越受投资者的青睐，成为巨灾再保险市场的重要补充，在巨灾风险管理方面发挥着越来越重要的作用。但对我国而言，巨灾证券化产品属于刚刚起步的阶段，亟须向国际发达保险公司学习成功经验，建立一套适合我国的巨灾风险分散机制，提高我国巨灾风险的管理水平。值得注意的是，2006 年 6 月，由国家开发银行、中再集团联合中国银行保险监督管理委员会、慕尼黑再保险公司和瑞士再保险公司共同发行了一只基于中国巨灾损失的债券，这也是我国巨灾债券发展的里程碑。2015 年 7 月，中再集团又利用自身优势，针对中国的地震巨灾风险，在境外发行了地震巨灾债券。2021 年，中再集团在香港成功发行巨灾债券，这是国内首个巨灾债券，开创了在港设立特殊目的保险公司进行巨灾风险证券化的先河。由此可见，我国的保险市场正以积极的姿态与国际保险市场合作，探索自己的模式。这一举动拓宽了我国巨灾风险分散渠道，丰富了保险行业管理巨灾风险的手段。

1.2 研 究 意 义

在面临巨大灾害时，传统的保险和再保险模式的保险赔付往往不够及时，也不能很好地覆盖巨灾损失。一方面，传统的保险产品在转移巨灾风险方面，表现出功能和产品上的缺陷；另一方面，保险公司为了减少巨灾对其产生的影响，很多自然灾害都不列入其可保范围。这导致传统的保险和再保险方式已经很难有效分散巨灾风险，亟须从新型金融衍生工具中寻找出路。巨灾债券被认为是近二十年来最成功的巨灾衍生品，它通过债券交易的方式，把保险公司承担的风险转移给广大的资本市场投资者。

目前，我国有关巨灾证券化产品的研究还处于起步阶段，多数研究模型还太简单。在巨灾债券设计中一个很重要的部分是设定巨灾债券的价格，一个合理的价格对于债券的发行至关重要。而研究巨灾债券定价不仅可以提高保险公司对巨灾风险的承保能力和应对巨灾损失的偿付能力，还可以促进我国巨灾风险管理技术与国际接轨，对整个资本市场都会产生深远的影响。

1.2.1 理论意义

巨灾债券 1997 年开始发行，其定价理论体系还不够完善。目前关于巨灾债券的文献主要介绍巨灾债券的基本特征，分析巨灾债券的各种影响因素。巨灾债券的定价不同于一般的金融衍生产品，它不存在标的资产，是一种未定权益。本书主要针对当前定价研究中存在的一些问题，对巨灾债券的定价模型进行改进与发展，主要体现在触发值设定考虑相关性、实证检验了 POT 模型对尾部拟合情况等。进行单事件触发的巨灾债券定价时，利用风险值（Value at Risk，VaR）指标检验 POT 模型对尾部拟合效果，弥补现有研究直接利用 POT 模型而未检验模型有效性的不足；双事件触发巨灾债券定价时，利用 Copula 模型刻画变量间的相关性，且充分考虑到触发值之间存在相关关系，用 CVaR 值设定触发值；多事件触发巨灾债券定价时，采用藤 Copula 刻画三个及三个以上变量间的相关关系。由于单双多事件触发的巨灾债券公式都没有显式解，需要通过蒙特卡洛模拟（Monte Carlo Simulation）方法和数值计算方法求得近似解。

本书按照单事件触发、双事件触发和多事件触发构建巨灾债券定价模型，在触发值取值、回测检验指标的构造和定价模型的求解等多方面进行探究，不仅丰富了现有巨灾债券定价的研究，还为我国发行巨灾债券提供了一定的理论根据和技术支撑。因此，本书的研究具有非常重要的理论价值。

1.2.2 现实意义

2021 年 7 月，欧洲遭受二战以来最严重的洪水灾害，毁灭性洪水横扫西欧，数百人丧生，数万人被迫撤离。2023 年 8 月，最强台风"杜苏芮"来袭，根据《福建省统计年鉴》，造成福建省直接经济损失 147 亿元。台风一路北上，北京遭受 140 年来最强暴雨。中图网上亿册图书报废，25 年积蓄一夜归零。从最近十年发生的自然灾害来看，这些自然巨灾事件都对各国经济的稳定发展造成了严重影响，中国更是其中受影响最大的国家之一。面对如此巨额的损失，仅依靠政府救助和社会救助已经很难弥补，而作为分散巨灾风险的中坚力量，保险公司所承担的保险责任却非常有限，承保巨灾保险的意愿也不强，这有悖于设置保险功能的初衷。

经过党和全体人民的共同努力，我们已经历史性地解决了绝对贫困问题，实现了全面小康。2023 年是脱贫攻坚和乡村振兴战略的历史交会衔接期，如何巩固拓展脱贫攻坚成果，同乡村振兴衔接，对于缓解我国发展不平衡不充分问题，实现中华民族的伟大复兴具有重要意义。为了防止我们来之不易的脱贫成果因为一次巨灾而被破坏，巨灾风险管理体系的建设对于未来的发展至关重要。在 2013 年党的十八届三中全会上，我国就提出要完善保险经济补偿机制，建立巨灾保险制度，鼓励金融创新，丰富金融市场层次和产品。如今我国已经具备发行巨灾债券的基础条件和国内外环境，积极开展巨灾债券定价模型的研究，为巨灾债券的发行提供技术支持，对于提高我国巨灾再保险的承保能力，减轻国家财政压力，具有重要的现实意义。"十四五"规划指出，要进一步加强应急管理，提高应急物资保障能力，加强巨灾保险的发展，提高防灾、减灾、抗灾和救灾的能力。这些措施旨在建立更加完善的国家应急管理体系，为应对各种灾害提供坚实的保障。

由于巨灾风险具有显著的厚尾性，具有发生概率小、损失巨大的特点，其造成的风险任何一个保险公司都无法单独承担，这也是保险公司对巨灾保险的参与率低的最主要原因。如何分散巨灾风险，成为保险业研究的热点问题。此时巨灾债券应运而生，其优良的特点，给整个保险市场和资本市场都带来了重要的影响。

（1）提高保险公司承保能力，减轻政府的财政压力。巨灾债券通过证券化的形式，将集中于保险公司、再保险公司和政府的风险通过资本市场进行分散。这在客观上提高了保险机构的损失偿付能力，扩大了承保巨灾风险的范围，有利于巨灾风险的管理。政府也可以从最终保险人的角色中解脱出来，将更多资金用于国内经济建设。

（2）丰富资产证券市场，为投资者提供新的投资产品。巨灾产品的价格与资本市场的其他产品，如股票、债券相关程度很低，它主要与巨灾风险的产生有密切关系。根据马克维茨（Markowitz）的风险投资组合理论，市场中投资产品的相关性越低，资产组合的风险就越小。巨灾债券刚好迎合了这个条件，可以作为一种新的投资组合产品参与投资决策。它的发行加强了保险市场、金融市场之间的合作，达到双赢的结果。

1.3 研究现状

巨灾债券是对传统保险和再保险的有益补充，在巨灾风险的分散方面起到了不可或缺的作用。国外的巨灾债券已经相对成熟，我国的巨灾债券研究多数还停留在介绍国外经验的水平。目前，国际上对巨灾债券的研究主要集中在巨灾债券的定价方法、运行机制和影响三个方面。限于篇幅，本书将不泛泛地对所有与巨灾债券相关的文献进行讨论，而仅对巨灾债券的三类定价方法进行重点分析。按照定价方法与文献发表的先后顺序，对国内外的巨灾债券定价研究现状进行简单回顾。

1.3.1 巨灾债券的无套利定价方法

无套利定价方法是巨灾债券定价模型中比较常用的方法。

从国外研究来看：利曾伯格等（Litzenberger et al.，1996）在确定利率的情况下，假设巨灾损失服从对数正态分布，采用 1956～1994 年的 PCS 巨灾损失历史数据，估计定价模型中的参数，最后采用自举法得到了一年期的巨灾债券价格。扎伊登韦伯（Zajdenweber，1998）在利曾伯格等的研究基础上，假设巨灾损失服从 Frechet 分布或稳定的 Levy 分布，得到巨灾债券价格。布里斯（Bricys，1997）第一次引入几何布朗运动刻画巨灾损失分布，在确定利率的情况下，给出了巨灾债券的定价公式的解析解：

$$B_{CAT}(0) = Fe^{1-rp}\left[\Phi(d_1) + \left(\frac{I_0}{K}\right)^{\frac{2r}{\sigma^2}}\Phi(d_2) \right]$$

$$d_1,\ d_2 = \frac{\ln\left(\dfrac{I_0}{K}\right) + \left(r \pm \dfrac{\sigma_2}{2}\right)T}{\sigma\sqrt{T}}$$

其中，F 表示债券的面值，rp 表示巨灾事件被触发时本金的偿付比例，I_0 表示巨灾损失指数（Property Claim Service，PSC）的初始值，K 是触发值。r 是风险利率，T 是债券期限，σ 是巨灾指数的波动率。

卢贝格尔（Louberge，1999）推广了布里斯的工作，假设巨灾损失服从几何布朗运动，利率服从二项式随机过程，用数值计算方法定义巨灾债券价格。其支付结构为：

$$V_T = \begin{cases} F & I(T) < K \\ F - [I(T) - K] & K < I(T) < K + F - B \\ B & I(T) > K + F - B \end{cases}$$

其中，V_T 表示债券在 T 时刻的价格，B 表示最低偿还金额，I(t) 表示巨灾损失指数，服从几何布朗运动：$dI(t) = \mu I(t)dt + \sigma I(t)dW_1$。其他符号含义与上面相同，不再解释。

巴里什尼科夫等（Baryshnikov et al.，2001）假设市场连续交易，巨灾事件造成的经济损失之间相互独立，建立了理想的可违约债券的巨灾债券无套利定价模型。庞塞特和维克多（Poncet and Victor，2002）假设随机利率为 HJM 或 CIR，采用无套利定价方法，求出了巨灾债券的解析解。伯尼和库拉（Burneki and Kula，2003）在双随机复合泊松过程的假设下，给出了零息票巨灾债券的定价公式。哈代尔和卡布雷拉（Hardle and Cabrera，2010）基于伯尼和库拉的巨灾债券定价模型，对墨西哥地震债券进行校准。沃日拉尔（Vaugirard，2003）考虑巨灾债券标的物的特殊性，综合巨灾风险和利率的不确定性，提出了一种无套利定价方法。其在文章中提出两个很重要的假设：第一是赞同莫顿（Merton，1976）的巨灾风险具有跳跃性的假设，认为巨灾风险是一种非系统性风险，它的期望收益可以通过无风险收益来计算；第二是风险指数在没有巨灾风险变化时可以被股票等其他金融资产组合复制，即巨灾债券可以等价于未定权益进行无套利定价。沃日拉尔考虑巨灾风险指数服从跳跃扩散过程，利率服从 Vasicek 随机利率模型，然后在无套利定价中定义巨灾债券，其价格为：

$$V_T = FI_{(I_T < K)} + (1 - m)FI_{(I_T > K)} = F - mFI_{(I_T > K)}$$

李金平和俞敏德（2002，2007）利用无套利定价理论，假设巨灾风险指数服从复合泊松过程，从债券的违约风险、道德风险和基差风险角度对巨灾债券价格的影响进行分析并定价。阿尔布雷克特等（Albrecher et al., 2004）基于李金平和俞敏德的研究，采用 CIR 随机利率模型，对传统的蒙特卡洛模拟方法进行改进，运用拟蒙特卡洛模拟方法对巨灾债券价格进行模拟，大大提高了模拟速度和效率。张成文等（2010）在双二项框架中联合模拟索赔到达和损失不确定性，使用无套利定价方法对具有非交易基础损失指数的亚洲式灾难期权进行定价。马宗刚和马超群（2013）基于李金平和俞敏德的思想，在随机利率和复合齐次泊松过程的假设下，构建巨灾债券定价模型，并运用混合逼近算法求解债券的价格。黄裕烈等（2014）研究与死亡相关的巨灾债券，由于巨灾保险证券市场的不完整性，采用无套利和基于效用理论定价巨灾债券。诺瓦克和罗马努克（Nowak and Romaniuk, 2014）使用鞅方法在无套利的情况下，对分阶段收益的巨灾债券进行定价。作者假设利率是随机利率，市场中存在金融工具的利率变化的可复制性以及灾难发生与金融市场行为之间的独立性。范孙莱等（2014）在维克多研究的基础上，提出无套利框架下的巨灾债券定价模型，并分析了汇率风险对巨灾债券价格的影响。

国内利用无套利方法研究巨灾债券定价的文献很少。杨晔（2008）以金融衍生品的无套利定价方法确定巨灾债券的价格；李永和刘鹃（2010）结合无套利 BDT 利率期限结构模型以及转移概率参数来匹配未来利率的变化过程，建立了我国巨灾债券短期利率离散形式的动态模型。

1.3.2 巨灾债券的均衡定价方法

考克斯和彼得森（Cox and Pedersen, 2000）认为巨灾债券与普通的公司债券不同，巨灾发生与金融市场的标的变量无关，仅与债券合约中约定的触发值有关。因而巨灾债券的支付不能由传统的债券或股票组合进行复制，存在不完全市场的假设。为了解决巨灾市场的不完备性，可以直接简化，假设市场就是完全市场。还可以引入代理人理论（Huang and Litzenberger,

1988)，采用均衡定价理论定价巨灾债券，并评估巨灾风险，确定支付值。津巴利斯特等（Zimbidis et al.，2007）基于考克斯和彼得森等的研究，构建了一期和多期的巨灾债券均衡定价模型，并用蒙特卡洛模拟方法对定价模型进行求解。埃加米和杨格（Egami and Young，2008）基于一种效用无差异定价理论定价结构化巨灾债券。邵新力等（2015）讨论了 n 个金融变量和 m 个巨灾风险变量的巨灾债券，金融变量和风险变量之间相互独立，并采用均衡定价理论建立加州的地震债券定价模型。

　　国内学者韩天雄和陈建华（2003）运用均衡定价理论，假设保险人对风险偏好只有指数效用形式，给出了巨灾证券产品定价的解析解。李永等（2012）设计并阐述了双事件触发巨灾债券产品定价模型及其实现过程，基于中国台风巨灾财产损失、受灾面积两事件进行了巨灾债券初步设计和价格估算。邵新力和邵非易（2014）在均衡定价理论的基础上，构建了一种台风巨灾债券利率定价模型，并利用相关数据进行定价分析。朱文革（2016）在汉森和萨金特（Hansen and Sargent）引入的稳健控制理论的框架下，建立了保险风险的修正均衡定价模型，由此得到了巨灾产品的定价公式并用巨灾债券的实证数据给出了统计估计和稳健性检验。杨帆和周明（2016）根据债券市场情况和投资者的风险偏好，采用不完全市场的均衡定价模型，以震级和保险损失作为混合触发条件，研究了中国地震巨灾债券的定价策略。张笑玎等（2018）基于均衡定价理论，利用 CIR 随机利率模型模拟无风险利率，使用 Copula 函数建立复合触发机制下的联合分布函数，计算得出 1～5 年期的地震巨灾债券的价格。展凯和刘苏珊（2019）基于 1989～2017 年的广东省台风数据建立了定价模型，并基于均衡定价理论和 CIR 利率模型得到台风巨灾债券的价格。刘洋和朱衡（2022）通过均衡定价理论与 g－h 分布相结合的方法建立地震巨灾债券定价模型，在此基础上，计算分析了道德风险给定价结果带来的影响。

1.3.3　巨灾债券的精算定价方法

　　王中德（2003）利用双因素王变换模型（Two-Factors Wang Transform）将损失超越曲线转化为价格曲线，从而产生了一种定价方法：

$$F^*(z) = Q[\Phi^{-1}F(z) + \lambda]$$

其中，Q 是自由度为 k 的 t 分布，Φ 是标准正态分布函数，λ 是风险因子。

陈俊飞等（2013）设计了一种一年期的极端洪水巨灾债券，并根据我国 1961～2009 年的极端洪水数据进行了模拟，结合非寿险精算方法和双因素王变换模型进行定量分析。加拉托提等（Galetotti et al.，2013）提出保费和期望损失之间存在一种对数线性关系。特罗捷和赖（Trottier and Lai，2015）通过建立模型把巨灾再保险和巨灾债券组合优化，得出了分散保险公司巨灾风险的优化模式。格特勒等（Gürtler et al.，2016）采用二级市场数据研究自然灾害和金融危机如何影响巨灾债券溢价，发现了金融危机和卡特里娜飓风对巨灾债券溢价产生重大影响的证据。卡拉吉安尼斯等（Karagiannis et al.，2016）考虑了保险公司和对冲基金之间的巨灾债券合同，利用定价框架对伊朗两个城市的农业巨灾债券进行定价。

施建祥和邬云玲（2006）利用非寿险精算技术分析我国台风损失分布，在此基础上利用资本资产定价模型和债券定价原理计算台风灾害债券的收益率和价格，并对台风巨灾债券进行初步设计。杨晔（2009）以精算学中的双因素王变换模型作为定价方法，分析巨灾债券的价格。刘鹃和李永（2009）利用非寿险精算技术，将损失风险与利率风险理论模型相结合，研究中国地震巨灾债券定价。李冬和肖遥（2009）根据精算数学的损失分布理论对我国地震巨灾数据进行损失强度和损失频率分布拟合，从而建立地震巨灾总损失聚合风险模型，并在考克斯模型的基础上运用蒙特卡洛模拟方法设计出以面值发行为对象的我国地震巨灾债券的票面利率。朱孟骅（2010）采用双因素王变换进行风险附加，利用一般债券理论构建地震巨灾债券模型。尚勤等（2010）运用双因素王变换模型，在不完全市场中给出巨灾死亡率债券的定价模型。谢世清（2011）从保险精算定价的视角，比较了四种常用的巨灾债券定价模型：Wang 变换模型、Wang 两因素模型、Chistofides 模型和 LFC 模型。翁成峰等（2013）利用 BDT 利率树对地震债券进行定价研究，为参数化地震巨灾债券在我国的运用提供了参考。韩雪（2014）基于 Esscher 变换这一精算工具，建立以损失指数为触发条件的巨灾债券定价模型，并利用 1996～2012 年我国台风灾害损失数据，运用该定价模型测算不同触发条件下台风巨灾债券的发行价格。韦勇凤等（2015）基于公共私人合作理论，利用双因素王变换模型对我国地震巨灾债券进行了定价研究。黄英君等（2016）运用非寿险精算原理和资本资产定价模型对我国洪水巨灾债券进行了定价研究。刘昕龙等（2017）通过构造基于共保体的风险过程模型，应用蒙特卡洛模拟方法进行地震风险的仿真模拟，探讨了不同模式下巨灾风险的转移效率；王力（2018）在考虑破产风险的情况下建立了巨灾可转换债券的定价模型，提出将巨灾债券与可转换债券相结合，形成优势互补的创新型金融产品。展凯等（2019）利用广东省 1983～2017 年的台风损失数据和 1951～2017 年的台风登陆次数数据，基于非寿险精算和蒙特卡洛模拟方法进行巨灾损失分布和发生次数的拟合，运用双因素王变换模型对台风巨灾债券定价进行实证分析。张节松（2020）为描述地震和台风等巨灾事件发生时间间隔的记忆效应，采用具有幂律性等待时间的巨灾冲击模型，刻画保险公司的承保风险，并研究巨灾保险连接债券的定价问题。

1.3.4 现有研究存在的问题

纵观上述研究情况，虽然巨灾债券定价的研究取得了一定成果，但由于巨灾债券不同于一般的金融债券，它具有金融特性和保险特性，定价存在高度的复杂性。现有的研究还存在以下四方面问题。

第一，忽略了 POT 模型的检验环节。巨灾损失具有明显的厚尾特征，现有的巨灾债券定价研究基本都是直接采用 POT 模型进行厚尾性拟合，忽略了模型的检验环节。

第二，损失变量的触发值设定忽视了相关关系。由于巨灾债券不存在可交易的标的资产，巨灾债券转换为以触发值为变量的结构化支付产品。所以，触发值的设定在巨灾债券中起到重要的作用。现有研究基本都是直接给定触发值，忽略了损失变量触发值间的相关性。忽视相关性将导致对巨灾债券价格的低估，定价的合理性会被严重影响。

第三，定价模型中本金和息票的支付结构不够合理。现有的巨灾债券定价模型中的支付结构大多是固定的息票或本金支付结构，没有很好地匹配巨灾损失严重程度，即巨灾损失一旦超过某一水平值后，都是同样的赔付金额，没有根据巨灾损失的严重程度进行灵活调整，这显然是不合理的。

第四，现有研究都是集中在对单事件触发和双事件触发的巨灾债券模型进行研究，至今没有看到研究三个及三个以上的多事件触发巨灾债券模型。为了丰富债券产品层次，满足投资者对低风险产品的需求，有必要研究多事件触发的巨灾债券。

1.4 研究内容和研究方法

1.4.1 研究内容

基于 1.3.4 节所提出的问题，考虑到当前资本市场的需求多样化和投资者风险偏好的不同，本书构建了三种风险程度不同的巨灾债券定价模型，以满足不同风险投资者的需求。

第 1 章为绪论。首先介绍了写作背景和研究意义，梳理了巨灾债券定价相关的国内外文献，其次阐述了研究的主要内容、研究方法和技术路线图，最后介绍了本书的主要创新之处。

第 2 章为巨灾债券的相关理论基础。这章主要介绍了巨灾风险的定义及特点、巨灾债券运作流程、触发机制、定价基本原理和巨灾债券的优势与不足。

第 3 章为基于 POT 模型的单事件触发巨灾债券定价研究。考虑到巨灾损失具有明显的厚尾性，采用极值理论中的 POT 模型拟合巨灾风险，并验证 POT 模型对巨灾风险尾部拟合效果的优势，弥补了现有研究巨灾债券定价研究直接利用 POT 模型进行拟合而不进行模型检验的不足。先利用 KS 检验和 AD 检验从常用厚尾分布中选出对巨灾数据拟合最好的分布，再将其与 POT 模型进行 VaR 估计效果的回测检验，最后利用 POT 模型在巨灾损失拟合上的优势，利用全球洪灾造成的死亡人数作为样本，研究单事件触发的巨灾债券定价模型，并利用敏感度分析检验模型的适用性。

第 4 章为基于 Copula-POT 模型的双事件触发巨灾债券定价研究。考虑巨灾风险的厚尾性和巨灾损失变量间的相关性，分别采用 POT 模型和 Copula 模型对巨灾损失进行拟合。针对巨灾损失的非线性和尖峰厚尾特征，采用极值理论中的 POT 模型分别估计了巨灾风险两个变量的边缘分布。此外，用 Copula 函数来刻画这两个变量之间的关联性并计算其 CVaR 值，并把得到的 CVaR 值应用到巨灾债券定价中。具体而言，利用 POT 模型估计洪灾中经济损失和受灾面积的边缘分布，并选用阿基米德 Copula 模型刻画这两个触发指标之间的相关关系，在此基础上加入 CIR 随机利率模型，构建基于 Copula-POT 模型的巨灾债券定价模型。

第 5 章为基于藤 Copula 模型的多事件触发巨灾债券定价研究。由于现实中多变量之间的关系复杂，两两变量间的相关结构不可能完全一致，多元常用 Copula 函数在描述多变量的相关结构时都有一定的局限，因此本章寻找一种更灵活的方法刻画多变量之间的相关结构，即用藤 Copula 作为巨灾变量相关结构的描述，提出基于藤 Copula 的 CVaR 计算方法对巨灾损失相关性进行刻画。为了体现藤 Copula 的拟合优势，本章通过核密度估计检验法从多元常用 Copula 中选出最优的 Copula 作为比较对象，通过两个回测检验指标验证了藤 Copula 模型的估计效果明显优于常用最优多元 Copula 模型。最后，基于藤 Copula 的 CVaR 估计结果，利用藤 Copula 模型研究多事件触发的巨灾债券定价，并对本章提出的三种债券进行总结对比。

第 6 章为基于连续时间动态模型的巨灾债券无差异定价研究。传统保险市场难以承受巨灾的赔付压力，而通过资本市场发行巨灾债券能够很好地分散巨灾风险。本章基于连续时间动态模型，首先在期末财富指数效用的期望值最大化目标下，利用随机控制原理获得了不投资巨灾债券情况下的买方（投资者）连续时间最优投资策略。其次，在金融市场与巨灾风险独立的假设下，根据无差异定价基本原则，给出了具有特定支付结构的巨灾债券无差异价格的显式解。最后，对所得无差异价格进行实例计算和主要参数的敏感度分析，验证了本章所采用模型的合理性和有效性。

第 7 章为基于 Copula 函数的分层巨灾债券定价研究。传统的保险模式很难实现巨灾风险的转移，巨灾债券就是最成功的金融衍生工具之一。利用 1985 ~ 2021 年广东省和广西壮族自治区台风灾害损失数据，构建了与两广地区台风经济损失相关联的巨灾债券定价模型。采用 Gumbel Copula 函数描述两广地区台风发生频数的相关性，并针对不同风险偏好的投资者，采用分层技术进行分层定价，形成有差别的风险承担价格。用蒙特卡洛模拟方法对利率和台风频数路径进行模拟，计算出不同层次的债券价格，并分析不同因素对巨灾债券价格的影响，使巨灾债券定价更具合理性，也更适合当前一体化的市场需求。

第 8 章为基于隐马尔可夫模型的台风风险评估与巨灾债券定价研究。针对台风风险特征，本章构建了隐马尔可夫（Hidden Markov）模型，以台风年经济损失额为观测序列，预测台风登陆时最大风力等级状态，进而采用风险中性测度技术，在 CIR 随机利率期限结构下，给出了有息巨灾债券定价公式。结合我国 1989~2022 年台风灾害损失数据进行实证分析，结果表明：隐马尔可夫模型的台风风险评估预测效果优于其他常用机器学习模型，所建立的定价模型具有可行性。

第 9 章为政策建议。针对当前国外发展巨灾债券的经验，提出相关的政策建议。

第 10 章为研究结论与未来展望。一方面，对整体的研究工作进行全面总结，概括出本书取得的研究成果与主要结论；另一方面，对后续可能的研究内容进行的展望。

1.4.2　研究方法

本书综合运用金融学、统计学、保险精算学、资产管理和风险管理等多学科的理论，采用数值计算方法和蒙特卡洛模拟方法对巨灾债券定价模型进行系统深入的研究与分析。具体的研究方法如下。

（1）定性分析与定量分析相结合。选取 POT 模型中的阈值时，采用平均超出量函数图法和 Hill 图法进行阈值的定性选取；判断巨灾损失数据厚尾特征时，综合采用分位数图法和数值法进行定性和定量的数据分析。

（2）采用比较研究方法。分别采用 POT 模型和常用厚尾分布模型拟合损失分布，并进行回测检验；分别采用藤 Copula 和常用多元 Copula 刻画巨灾损失变量间的相依结构特性并进行回测检验。

（3）对巨灾债券进行估值时，采用数值计算方法和蒙特卡洛模拟方法，借助 R 软件进行模拟计算，提高了计算效率。此外，在巨灾数据的选取上，采用权威的全球洪水数据库进行单事件触发、双事件触发和多事件触发的巨灾债券定价研究。为了便于读者理解巨灾债券的定价模型过程，本书将 Matlab 的运行程序附在书后，具体请见附录。

1.5　创　新　之　处

本书着眼于目前国内外巨灾债券定价模型的不足，按照单事件触发、双事件触发和多事件触发的思路，利用 POT 模型和 Copula 模型研究巨灾债券定价。本书的研究成果在一定程度上弥补了现有巨灾债券定价的不足，可以为我国将来发行巨灾债券提供一些理论参考和技术支持。

本书按照单事件触发、双事件触发和多事件触发的思路构建了巨灾债券定价模型。三种类型的巨灾债券触发概率和风险程度不同，可以很好地满足不同风险偏好的投资者。这种有"层次"的定价模型扩大了巨灾债券的市场容量，有利于巨灾风险的分散。本书的主要创新体现在以下三个方面。

（1）检验了 POT 模型在拟合巨灾损失尾部方面的优势。现有的巨灾债券定价研究基本都是直接采用 POT 模型拟合，而忽视了模型的检验环节。本书从常用的厚尾分布中选出对巨灾损失拟合效果最好的分布，再将该分布与 POT 模型进行 VaR 估计效果的回测检验。通过采用全球洪水损失数据的死亡人数进行实证分析，结果表明：常用分布中只有韦布尔分布（Weibull Distribution）可以通过检验；而回测检验结果又说明，POT 模型对巨灾风险的估计效果要优于韦布尔分布。

（2）设定巨灾损失变量的触发值时考虑了变量间的相关关系。据笔者所知，到目前为止，双事件触发的巨灾债券研究都是直接给定巨灾损失变量的触发值，而未考虑变量间的相关关系。巨灾债券由于缺乏可交易的标的资产，其定价问题转变为以触发值为变量的产品支付结构。可见，触发值的设定在巨灾债券的定价中非常重要。本书考虑到触发值存在相关性，在设定取值时，利用 CVaR 值设定巨灾变量的触发值，并比较了触发值是否考虑相关关系时的债券价格。结果表明，考虑相关性时得到的价格更合理。

（3）利用藤 Copula 进行多事件触发的巨灾债券的定价，系统研究了巨灾债券的定价问题。在查找了国内外常用的文献数据库后，发现在现有的巨灾债券研究中，都没有考虑过三个及三个以上变量的情况。本书首次将藤 Copula 模型应用到巨灾风险领域，并通过理论分析说明藤 Copula 在刻画尾部相依结构中的优势，然后利用藤 Copula 作为巨灾变量相关结构的描述，通过实证分析验证藤 Copula 模型的优越性。由于 CVaR 是损失变量的条件分位数，忽略了超出该条件分位数的右尾信息，为此，本书创新性地定义了 CES 来弥补该不足。此外，以往文献几乎都是随意选择常用的多元 Copula 作为比较对象，而本书则采用核密度估计法选出最优的常用多元 Copula 进行比较，显然这样得出的比较结果更具说服力。将藤 Copula 理论应用到巨灾债券的定价研究中，在研究内容和研究方法上都属于创新。

第 2 章　巨灾债券的相关理论基础

2.1　相关概念界定

（1）巨灾风险可以理解为由于某种不可预料或不可控的破坏因素，使得人类生命安全和财产遭到破坏的不确定性风险，是一种破坏力和影响力极大的风险灾害。在国际学术界和保险实务界，对巨灾风险都有各自不同的理解和定义，但大致可以从定性和定量两个方面进行描述。有些学者从经济学的视角，认为巨灾具有发生概率小但损失巨大的特点，其造成的损失不仅包括生命财产等直接损失，还包括对当地经济资源所带来的间接影响。还有些学者从社会学的角度，认为巨灾是一种只能被动接受的结果，是人类社会发展到一定阶段时，自然对人类社会的一种报复。这些定性的描述，不论是从经济学角度还是从社会学角度，都让人们对巨灾的本质有了更深刻的了解。但是，定性分析的最大不足是无法从数量上认识巨灾，不利于保险业的学者开展模型研究，这势必影响到巨灾风险的实际管理工作。另一种方法是定量分析，用巨灾造成的损失程度来定义巨灾风险。各国各地区根据其标准定义巨灾损失，大部分的巨灾损失包括伤亡人员数量、失踪数量和经济损失额度。通过定量分析解释巨灾风险，非常简洁直观，不足之处就是不同学者的定量标准差异很大。在实际应用中，人们通常将"巨灾风险"简称为"巨灾"。

（2）巨灾损失的风险度量：巨灾风险通常认为是不可预测的，我们至今无法清楚预知它什么时候会发生、发生的概率如何。但是巨灾造成的损失则可以通过一些统计方法预测得到。本书运用极值理论和 Copula 方法，基于 VaR、CES 等风险测度指标，度量未来一定时间内，在给定的置信水平下，巨灾风险造成的可能最大损失。这也是本书对巨灾风险度量的真正含义，而非直观意义上的预测巨灾风险的发生概率。

（3）事件触发：巨灾债券定价中很重要的一个环节是设定触发值。这个触发值即为触发"事件"。投资者的盈亏取决于巨灾损失是否超过触发值。比如触发值是经济损失额为 1000 万美元，若巨灾造成的经济损失超过 1000 万美元，巨灾事件就被触发，相应地，债券投资者就要损失部分或全部的本金和利息。

为了满足资本市场不同投资者的风险偏好和投资需求，本书按照单事件（single-event）触发、双事件（double-events）触发和多事件（multi-events）触发的构建思路，开展对巨灾债券的定价模型研究。单事件触发，顾名思义，只要有一个巨灾触发指标被满足，巨灾事件就被触发；双事件触发，则是要两个巨灾触发指标同时满足才能被触发，因此被触发的概率更小，投资风险更低。而多事件触发则是要三个及三个以上的巨灾触发指标同时满足才会被触发，它的触发概率较前两者更低，持有风险也最低，所以可以更好地满足资本市场对低风险巨灾债券的需求。

2.2　巨灾风险的分类、主要特征和经济效应

2.2.1　巨灾风险的分类

不论是从定性角度还是从定量角度对巨灾风险进行分类，都有各自的优点和不足。下面是巨灾保险的实务界和理论界在定量和定性的基础上，对巨灾的几种明确分类。

1. 根据成因分类，可以分为自然巨灾风险和人为灾害风险

（1）自然巨灾风险。自然巨灾风险范围很广，只要属于由非人为活动直接引发，出现在大自然中的现象都可以归为此类，如地震、洪灾、海啸、台风、滑坡、泥石流、干旱及其他自然灾害。自然巨灾是一种突发性的自然灾害，它的特点是涉及范围广、受损的个体较多、保险公司的保单损失巨大，导致保险公司的赔付压力骤增。

（2）人为灾害风险。人为灾害风险是指由于人类活动直接导致的巨大损失，如恐怖袭击、飞机空难、船难、矿井事故等人为事件。与自然巨灾那种损失巨大、范围广泛不同，人为灾害的损失通常是有限的，但是也有一些人为灾害一旦发生，就是灭顶之灾，如 2001 年的美国"9·11"事件。据美国专家估计，"9·11"事件造成的经济损失在 400 亿美元左右，基本与智利地震的损失相当。

2. 根据发生频率分类，可以分为异态巨灾和常态巨灾

（1）异态巨灾一般是指巨灾发生的周期很长，可达到几十年到一百年，甚至更长时间都不会发生。过大的时间跨度使得收集这类巨灾的信息很困难，不利于估计发生概率。对于异态巨灾而言，发生概率是很小的，但是一旦发生，会造成非常巨大的损失，保险公司也很可能因为这类巨灾而破产。

（2）常态巨灾一般是指发生的周期是有规律的，可以提前预判。这里需要说明的一点是，虽然巨灾可以预期，但并不意味着巨灾发生次数、发生时间和造成损失都是确定的。之所以称为常态巨灾，是相较于异态而言，这类巨灾发生较频繁，可以通过研究之前巨灾的发生规律进行风险管理和统筹安排。

巨灾风险的定义。

（1）从国家或地区角度定义巨灾风险。波斯纳（Posner，2005）通过统计分析自然灾害所造成的损失并且进行巨灾分类，得出巨灾是一种成本损失严重，甚至可能会威胁人类生存环境的突发事件。慕尼黑巨灾债券公司认为，如果受灾地区在一场自然灾害发生后，无法依靠自身的力量自救，而要向国际或区域求助，那么这样的自然灾害就可以认为是巨灾。这样的巨灾发生时，常伴随数千人死亡，数万人无家可归的状态。

（2）从保险行业定义巨灾风险。这个主要是从保险行业的保险承受能力和巨灾造成的损失程度角度来理解。美国保险联邦服务局将财产损失超过"一定金额"并且大范围造成保险人和被保险人损失的灾害事故定义为巨灾风险。这里的"一定金额"与自然灾害发生年的经济和物价水平有关。如1998 年，美国保险联邦服务局将这个数字界定为 2500 万美元，即经济损失在 1998 年超过 2500 万美元的自然灾害才能称为巨灾。

（3）从保险公司经营的角度定义巨灾风险。各保险公司根据自己的标准定义巨灾事件。如瑞士巨灾债券公司每年年初会发布瑞士再保险报告，报

告根据当年的经济情况修正巨灾事件的统计数据。如果一次赔付的总额占公司保费收入的150%～200%，则也可认为是巨灾风险。

2.2.2　巨灾风险的主要特征

（1）发生频率低。与几乎每天都会发生的车祸和一般性的火灾不同，在一个国家或地区，不论是自然巨灾还是人为巨灾，其发生的概率都是很低的，基本几年、几十年甚至上百年才会发生一次。虽然从全球范围来看，地震、洪灾、台风等基本每年都会发生，但在同一个局部地区这些巨灾不太可能连续出现。正因为如此，巨灾与常规的风险不同，它的发生带有很强的突发性，不能用处理普通保险的方法来管理巨灾风险。

（2）损失巨大。巨灾风险的主要特征就是会造成巨大的经济损失和大量的生命伤亡。从图1－1至图1－4可知，2011年全球共发生了181起自然灾害，造成28279人死亡，478.7亿美元的经济损失。2022年共发生了322起自然巨灾事件，经济损失高达2238.37亿美元。2022年的全球自然灾害使得全球保险业损失金额达到1250亿美元。

（3）预测困难。巨灾风险之所以造成巨大的经济损失和人身伤亡，很重要的原因是由于其预测困难。灾害一般突然发生，毫无征兆，无法在来临前进行防御和预告。以地震为例，从古代开始，学者们就没有停止过对地震灾害的研究和探索。二战后，各国科学家更是运用高科技手段研究地震的发生机理，但至今没能找到准确的预测方法。地震灾害具有明显的地域特点，不同地区的地质构造增大了对地震灾害的预测难度。地震灾害是自然界中一种大规模的深层变动过程，要准确预测地震灾害的发生，需要综合力学、地质物理学等多重学科的知识。但不同于实验室的模拟环境，自然界中的地震发生的不可控因素非常多。因此，想要精确地预测地震风险还有很长的路要走。

（4）影响范围广，损失情况复杂。巨灾风险一旦发生，破坏的区域和范围非常广，自然巨灾尤其明显，比如地震、海啸等，往往会对整个地区造成破坏。巨灾发生后，除了会影响一些宏观经济指标，如国民经济、国际收支平衡等，实际上，其他伴随后果更复杂，比如灾后的人员安置、企业的重建等。甚至有时候巨灾的后续损失还要持续很长时间，比如2011年日本大地震又引发了海啸，之后还造成核泄漏事件。

2.2.3 巨灾风险的经济效应

巨灾风险对经济会产生一些效应，可以分为正向效应和负向效应，直接影响、间接影响以及次级影响，短期经济效应和长期经济效应。负向效应主要是巨灾发生后，生产资本被破坏造成生产效率降低，影响生产经济恢复；而正向效应则是指灾后的技术创新。不论是政府部门还是保险机构，巨灾所造成的负向效应都是需要其首要解决的问题。巨灾造成的直接影响一般是指巨灾对固定资本、存货以及其他资产所造成的直接损失；而间接影响则表现为生产中断造成的收入减少和运营成本增加，损失严重的间接影响持续时间可能长达数年。直接影响和间接影响统称为初级影响。次级影响是指灾害资源的重新配置，包括政府重新制定财政政策、资源分配政策等。次级影响是相对隐蔽、不易观察到的，但其所造成的影响往往是长期的。

巨灾造成的短期经济效应是指巨灾发生对当年宏观经济指标的影响，GDP是宏观经济指标的直观表现，一般巨灾发生后，国家的GDP会在短期内下降。宏观经济学理论指出，产出的增加会带来经济的增长，而产出的增加依赖于生产资料的增加，即：

$$Q = f(K, L)$$

其中，Q表示产出，K表示资本，L表示劳动。资本和劳动力的增加会促进产出的提高。反之则产出下降。当巨灾事件发生时，对于资本K，农田、房屋、机器等生产资料被损坏，减少了一个国家或地区的资本存量，进而影响生产产出量；对于生产力L，巨灾带来的伤亡以及救援则会减少生产劳动力资源。此外，国家在灾后需要大量的拨款救援，甚至有些国家需要发行国债自救，这不仅增加了公共财政支出，还会增加政府负债比率，挤占其他方面的投资，这可能会影响一国的对外形象，导致国家的国际竞争力降低。

巨灾造成的长期经济效应是指巨灾发生后对后续时间的经济影响。宏观经济学理论认为，长期来看，经济产出的增长不仅需要考虑资本和劳动力，还需要考虑技术进步和生产率提高。即：

$$Q = f(K, L \times E)$$

其中，Q表示产出，K表示资本，L表示劳动，E表示劳动效率。巨灾在短期内造成的资本和劳动力损伤会影响长期的资本和劳动力供给量。巨灾对基础设施、金融环境等的破坏又会降低劳动力和资本的生产效率。在保险理赔方面，虽然巨灾损失可以通过保险理赔得到一定赔偿，但是保险公司预料到原先收取的巨灾保费无法完全支持其赔付，于是长期来看，保险公司可能会提升巨灾保费，覆盖巨灾风险，这无疑会伤害巨灾投保人的利益。如此循环，将对国家经济造成重大影响。

2.3　巨灾债券的基本结构

2.3.1　巨灾债券的运行机制

巨灾再保险作为传统分散巨灾风险的制度安排，是金融体系不可或缺的重要组成部分。由于巨灾风险发生概率小，但是损失巨大，导致任何一家保险公司都难以独立承担。巨灾再保险通过其风险转移和分散机制，承担了一部分原保险公司的风险，减轻了原保险公司的经营风险，提高了整个保险体系的风险管理水平。但是，随着全球自然灾害的频繁发生，保险行业面对突如其来的巨大赔付要求，保险和再保险公司却无法满足资金的需求，出现了严重的支付危机，影响了正常的经营活动。鉴于风险具有传染性，它将波及整个金融系统，最终危害国家经济的正常发展。面临日益频发的巨灾风险时，传统的（再）保险方式已经很难满足分散风险的要求，因此需要从新型的金融创新工具中寻找解决办法。

巨灾债券是近年来出现的一种非常成功的巨灾衍生品。它通过债券交易的方式，将原本由（再）保险市场承担的巨灾风险通过证券化的形式转移到广阔的资本市场。债券投资人的收益与巨灾损失情况息息相关，巨灾债券的买方支付本金购买债券，巨灾债券的卖方则需要支付高于普通债券的利息收益给买方，至于到期是否偿还本金，则依据巨灾损失情况以及约定的偿付方式而定。一个典型的巨灾债券，其运作过程主要涉及投保人、发起人、特殊目的机构（Special Purpose Vehicle，SPV）、投资者、信托账户以及其他机构，比如投资银行、互换方和信用评级机构等。巨灾债券的运作机制如图 2 - 1 所示。

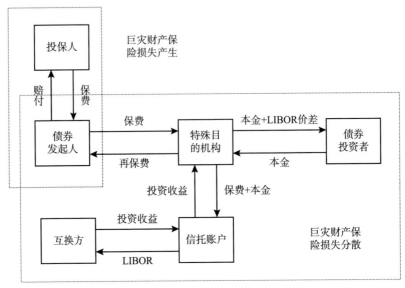

图 2 - 1 巨灾债券运行机制

投保人是指一般的家庭或个人，他们按照保险合约向债券发起人（保险公司或再保险公司）支付保费，当投保人由于巨灾造成财产损失时，债券发起人需向投保人进行赔付。投保人与债券发起人之间的交易使得巨灾风险从个人或家庭转移到保险市场。由于巨灾造成的损失巨大，保险机构无法独立承担。因此，巨灾债券发起人会继续寻找巨灾风险的转移途径，与其共同分担巨灾风险。

债券发起人为了转移巨额财产损失，会选择一个特殊目的机构，与其签订保险合约，支付一定的再保险费用，特殊目的机构为债券发起人提供再保险功能。其中，特殊目的机构通常成立在离岸地区，比如开曼群岛、百慕大群岛等，它们需要具有有利的监管、避税以及降低运营成本的优点。并且特殊目的机构作为单一运营业务的离岸公司（仅发行债券为保险或再保险公司提供再保险），其与债券发起人具有高度的独立性，特殊目的机构的运营不受（再）保险公司经营情况的影响，这样避免了破产的风险，因此巨灾债券基本不受信用风险的影响。综上，特殊目的机构具有风险隔离的功能，其建立的目的是资产证券化，它是连接保险市场和资产市场的纽带。

巨灾债券的投资者通过支付本金购买巨灾债券。一般债券的投资者多为个人和机构投资者，巨灾债券的投资者则以机构投资者为主，比如保险公司、对冲基金、银行、证券公司等。相对于个人投资者，巨灾债券的投资机构资金实力雄厚，能更好地分散巨灾风险。此外，由于巨灾债券的收益主要与巨灾发生损失有关，与金融市场的其他资产相关性很小，因此很受这些金融机构的青睐。当巨灾债券到期时，如没有发生约定的巨灾事件，则特殊目的机构按照合同约定，把（再）保险公司从投保人那里收到的保费用来支付投资者的利息，本金部分则由信托账户收到的投资收益进行支付。而在巨灾债券到期前，当巨灾损失超过了合约约定的触发值时，特殊目的机构则把获得的债券收益通过债券发起人给投保人进行赔付，这就成功实现了巨灾风险从保险市场转移到资本市场。由于债券的投资者承担的风险比一般的金融产品要高，因此其利息收益率也要高于平均债券的收益水平。特殊目的机构把它从投资者那里收到的本金和从投保人手里收到的保费收入都存入信托账户，信托账户中的资金一般投资于低风险的短期债券（比如国债等），信托账户的收益主要来源于互换方产生的基于 LIBOR 的浮动收益。

此外，巨灾债券的成功发行还需要其他机构的参与，如巨灾建模公司、基金公司、信用评级机构等。巨灾建模公司需要建立合理的巨灾模型，设定合理的定价；基金公司收到特殊目的机构的收入后进行低风险投资；为了确保债券的发行安全，信用评级机构需要对巨灾债券发起人的本金和利息的偿付能力进行评价，分析可能存在的违约风险。债券投资者根据评级机构给出的债券等级，理性投资信用等级高的债券。这些机构的存在使得巨灾债券更加透明公正，更具吸引力，也更能得到债券投资者的青睐。

2.3.2　巨灾债券的触发机制

在巨灾债券中，要事先约定一个"事件"，即触发机制。债券投资者的利息和本金受损情况与触发机制有关。巨灾债券与普通债券不同，它缺乏可交易的标的资产，因此巨灾债券需要设计一个触发事件。当债券发起人承保的巨灾风险在一定期限内达到一定损失，投资者的收益就会受到影响。触发事件在巨灾债券中起到了非常重要的作用，它必须是容易理解且可测的指标。通常可以分成以下几种类型，如表 2-1 所示。

表 2 - 1   三种触发机制比较

触发机制类型	优点	缺点
指数触发机制	简单易行、道德风险小、流动性高、触发确认很及时	存在基差风险
实际损失触发机制	基差风险小	道德风险高、对投资者吸引力小、发起人需要大量信息披露、计算索赔时间延长
混合触发机制	道德风险小，基差风险小、流动性高	产品设计和定价很复杂

（1）指数触发机制。这种触发机制必须根据行业公允的某种指数为基础，如巨灾损失指数和灾难保险期货指数。这种行业公允数据需要大量的数据库计算得到，时间上存在滞后性。指数触发机制可以分成参数指数触发机制、模块化损失指数触发机制和行业损失指数触发机制。下面对这三种指数触发机制进行简单介绍。

参数指数触发机制：按照刻画巨灾强度的某些物理参数是否超过预先约定的值作为触发事件。比如结合指定地区地震发生的震级、震深，台风发生的强度、风速，洪水水位、总量和历时等。以地震为例，我们选取地震的震级为触发事件，当地震发生震级超过这一触发事件时，就会触发赔偿。由于这种触发机制的道德风险很低，深受投资者的喜爱。但是参数指数触发机制很容易造成参数特性与发行人所承担的风险有较大偏差，具有很高的基差风险，保险原则不能很好地体现，因此保险公司发行这类巨灾债券的积极性不高。

模块化损失指数触发机制：根据专业巨灾建模公司提供的巨灾模型设定赔付的触发值。这种机制的原理是把真实的巨灾损失数据和参数代入模型中得到的结果。专业的巨灾建模公司有全球风险研究公司（Applied Insurance Research，AIR）和中再巨灾风险管理公司（Cummins，2008）。模块化触发机制在当前市场中比较流行，因为它具有不明显的基差风险——触发指数可以根据发生地区的行业损失得到，也可以根据发起人所造成的实际损失建模得到；而且，还可以使投资者不需要承担发起人造成的道德风险，因此深受市场欢迎。但是，它的缺陷是受限于风险模型，计算结果可能高估或低估巨灾风险的损失，需要不断修正模型，进行改进（Cummins，2012）。

行业损失指数触发机制：以巨灾事件所造成的整个行业损失为基准，而不是根据各保险公司的损失确定。当巨灾风险造成的损失超过这个行业的基准时，投资者将失去部分或全部本金和利息。现在已经有专门的保险服务公司来编制行业的损失情况，比如美国保险公司提供的巨灾财产损失、瑞士再保险公司西格玛指数等。一般这种行业损失指数需要具有以下特征：透明，能够观测和度量；简单方便，投资者易于判断比较债券合约的风险和价值；巨灾损失指数及时发布；发布行业指数的公司必须具有高的信用，才能保证数据可靠，从而降低道德风险（Cummins，2012）。

（2）实际损失触发机制。这种触发机制的优势是具有很小的基差风险，但是道德风险很高。一方面，保险公司或再保险公司很清楚在得到市场的风险保障后，就可能放松管理；另一方面，他们可能在高危易险的地区承保巨灾风险，而且还在发生巨灾后进行慷慨赔偿，把巨灾风险最大限度地转移给了投资者（Lee and Yu，2002）。为了尽可能消除道德风险，需要债券发起人进行大量的信息披露，这将增加发起人的信息披露成本，还可能造成公司信息泄露，因此受到很多发起人的排斥。此外，由于巨灾造成的损失具有滞后性，实际损失赔付的期限比合约约定的要长，这时债券发起人不能及时得到现金流赔付投保人，导致破产风险增加。

（3）混合触发机制。指债券合约中的触发机制不止一种，只有所有的触发条件都满足，发行人才能获得赔付，投资者才会损失本金和利息。比如采用行业损失指数触发和实际损失赔付设计混合触发机制。这种触发机制既可以降低道德风险，又能避免基差风险，从而达到道德风险和基差风险的平衡。因此这类债券的评级很高，多为投资级。但缺陷是这种机制设计很复杂，需要综合考虑多个触发指标或参数的相关性和联合概率，导致合约设计的触发机制过于复杂，投资者难以理解。

由上可知，几种触发机制都有各自的优势和缺陷，选择何种触发机制是巨灾债券设计中的一个重要环节。

2.3.3　巨灾债券的分类

1. 按本金损失程度分类

巨灾债券合约中，会约定某个风险事件。投资者得到的本金和利息情况与风险事件息息相关。一般根据本金损失程度可以分成以下三类。

（1）全部本金保证偿还。顾名思义，这种类型的巨灾债券的本金不受巨灾事件的影响。不论巨灾发生的损失情况如何，特殊目的机构都必须将本金还给投资者，至于何时进行偿还，由约定的期限决定。当巨灾事件未发生时，投资者不仅可以拿到巨灾债券的利息，到期还可以得到本金。当约定的风险事件发生时，则投资者会损失利息，但是到期还是可以拿回本金。这种类型的巨灾债券风险相对较低，因此收益也相对较低。

（2）本金没收型，也称为本金不确定型。当巨灾损失超过约定的赔付金额时，投资者的利息收入全部损失，超出利息的部分从本金中偿还，直到全部损失偿付完成。如果债券到期时，本金还有剩余，则剩余部分全部还给投资者。

（3）部分本金保证偿还。它介于前面两种类型之间，即当巨灾风险事件发生时，债券发起人会先用约定的投资收益给投保人进行偿付，还要按照合约约定的比例把本金部分用于风险补偿，剩余比例的本金则在债券到期时还给投资者。

不同的投资者可以根据自身的资金状况和风险偏好进行组合投资。

2. 按保险标的分类

从前面的分析可知，巨灾风险的类别是多种多样的，自然界中同时会发生地震、洪灾、台风等，因此巨灾债券根据不同的风险类别可以分成地震巨灾债券、洪灾巨灾债券和台风巨灾债券等。一般来说，巨灾债券主要是针对某一种风险类型进行设计，这有利于巨灾债券的准确定价，从而降低基差风险。但是，由于当前资本市场的投资者对产品需求的多样化，单一风险类型的巨灾债券已经很难满足需求，于是巨灾债券承保的风险类型开始增加，比如地震海啸巨灾债券、台风洪水巨灾债券等。

2.4　巨灾债券的发行基本情况与实例分析

2.4.1　巨灾债券的发行情况

巨灾债券从 1997 年开始出现，至今已有 27 年，虽然历史不算悠久，但却是比较成功的巨灾风险对冲工具（Cummins and Weiss，2009），已经成为保险和再保险市场的重要补充。阿特米斯交易目录（Artemis Deal Directory）

是巨灾债券与保险关联证券的交易目录，包含了自 20 世纪 90 年代中期以来的大部分巨灾债券与保险关联证券的详细信息。巨灾债券从 1997 年的发行量不足 10 亿美元，到 2017 年接近 120 亿美元。由于受 2008 年金融危机的影响，巨灾债券 2008 年的发行总额有所下降，但随着全球经济慢慢恢复，巨灾债券的发行总量也在逐年回升。根据阿特米斯交易目录，受全球疫情影响，2021 年巨灾债券的交易量为 83 单，发行金额达到 13999.5 亿美元，两个指标量都是近十年以来的最高值。截止到 2023 年 11 月，巨灾债券发行总额为 12495.3 百万美元，未偿付总额已经达到 43142.5 百万美元，交易数量为 75 单。此外，随着巨灾债券市场的日益成熟，巨灾债券的种类也逐渐多样，当前主要有财产巨灾债券、抵押保险连接证券（Insurance Linked Securities，ILS）交易、私人保险连接证券交易等。

2.4.2　巨灾债券实例分析

为了能够更直观地了解巨灾债券的发行，本节将对日本东京迪士尼乐园发行的巨灾债券进行实例介绍。

日本东京迪士尼乐园于 1983 年开始营业，园区内有购物中心、旅馆以及多种娱乐设施。然而，乐园位于地震多发的东京，其庞大资产受到很大的威胁。东京迪士尼乐园隶属于东方乐园公司（Oriental Land Ltd），该公司由于无法从保险公司获得足够的地震损失保障，所以于 1999 年 9 月在开曼群岛成立了两个特殊目的机构——康泰克有限公司（Consentric Ltd）和圆主哈马有限公司（Circle Mainhama Ltd），分别发行了总额为 1 亿美元的 5 年期和 8.5 年期的巨灾债券。这也是第一个由非金融机构成功发行的巨灾债券，该债券的合约设计如表 2 – 2 所示。

表 2 – 2　日本东京迪斯尼乐园 1999 年巨灾债券合约概要

发行人	康泰克有限公司	圆主哈马有限公司
发行金额（美元）	1 亿	1 亿
期限	5 年	8.5 年
债券种类	浮动利率无本金保证	浮动利率本金保证
计息方式	6 个月 LIBOR + 3.1%	6 个月 LIBOR + 0.75%

发行人	康泰克有限公司	圆主哈马有限公司
债券评级	BB +	A
触发条件	以迪斯尼为中心，75 公里半径宽的范围内、依日本地震气象厅发布的地震震级的不同设定不同百分比	

根据日本东京迪斯尼乐园发行的巨灾债券，我们可以得出以下结论。首先，该债券采用参数指数触发机制，以地震的震级、震深来设定触发值。这种触发机制简单明了，可以很好地规避道德风险，受到投资者的欢迎。其次，触发标准由第三方机构发布。以日本气象厅发布的地震数据为标准，增加了债券的透明度，避免了道德风险。再次，特殊目的机构设定在开曼群岛，这可以降低经营主体的资金要求，享受税收优惠和宽松的监管环境。最后，债券由标准普尔（Standard Poor）、穆迪（Moody）等提供信用评级。评级公司对债券进行评级，减少了投资者信息搜寻成本和决策成本，提高了债券的吸引力。

2.5 巨灾债券的定价基本原理、优势与不足

2.5.1 巨灾债券的定价基本原理

巨灾债券是一种与巨灾风险相关的债券，与一般的金融资产不同，它不存在标的资产。因此，它是一种未定权益类金融衍生产品。

假设发行一只零息票的巨灾债券，面值为 F，期限为 T，合约设定的触发值为 K，到期时由巨灾造成的累积损失为 L_T，则这只债券到期的支付结构通常可表示为：

$$P_{cat}(T) = \begin{cases} p \times F, & L_T \geqslant K \\ F, & L_T < K \end{cases}$$

其中，$p \in [0, 1)$ 表示债券合约中规定的发起人要支付给投资者的面值比例。即当债券到期时，如果巨灾造成的累积损失超过合约规定的触发值，债券发起人会保留部分甚至全部的债券所得收益；如果巨灾造成的累积

损失小于合约的触发值，则投资者可以获得全部的债券面值。

如果是附息债券，即每年年末需要向投资者支付利息，利息支付情况视巨灾损失是否超过合约规定的触发值。若到期没有超过规定的触发值，则投资者除了收回本金，还可以收到部分或全部利息。这种附息债券的支付结构通常可以表示为：

$$P_{cat}(T) = \begin{cases} C + F, & L_T < K \\ p \times C + F, & L_T \geq K \end{cases}$$

其中，C 表示利息金额，其他符号含义与前例相同。在巨灾债券合约中，投资者收到的全部利息是以 LIBOR 为基准的浮动利率与超过浮动利率的价差之和。即总利息利率% = LIBOR% + 价差%。LIBOR 的浮动利率是货币的时间价值，与巨灾风险无关，而价差则是转移巨灾风险的价格。因此，巨灾债券的定价主要考虑利率风险因素和巨灾期望损失，这也是巨灾债券定价模型中的两大主要风险因素。

下面举例说明巨灾债券的发行机制。假定一家（再）保险公司发行一只一年期、面值为 100 美元的零息票巨灾债券，合约的触发值为 1000 万美元，本金支付比例为 0.6，折价发行价格为 90 美元。如果一年后累积财产损失不超过触发值，则投资者可以拿回全部本金 100 美元，投资收益率为 $(100 - 90)/90 \times 100\% = 11.1\%$。如果一年期后，巨灾损失为 1250 万美金，超过了触发值 1000 美元，则投资者可以得到的本金为 60 美元。如果本金支付比例为 0，则投资者损失全部的本金。

在巨灾债券定价模型中，支付结构 $P_{cat}(T)$ 的求解非常关键。由于不存在标的资产，属于未定权益，它在 t 时刻的价值可以表示为：

$$V_t = E_t^Q(D(t, T)C_T | F_t)$$

其中，E_t^Q 表示风险中性测度 Q 下的条件期望，C_T 是零息票债券到期时的支付。$D(t, T) = \exp(-\int_t^T r(s)ds)$ 是随机折现因子，$r(s)$ 是即期利率。

2.5.2　巨灾债券的优势与不足

从以上介绍可知，巨灾债券作为一种新兴的金融衍生工具，是传统保险和再保险的重要补充形式。这种金融衍生工具具有传统保险模式无可比拟的优势。

（1）提高（再）保险公司的承保和抗风险能力，降低其破产概率。巨灾债券以债券的形式，把（再）保险公司承担的风险转移到资本市场，大大降低了巨灾发生时（再）保险公司无力支付因巨额赔付而导致破产的概率。当巨灾发生时，传统的保险公司可能无法一次性支付巨额的赔付，只能向外进行融资理赔，因此给保险公司造成了沉重的债务负担。当潜在的巨灾损失超过（再）保险公司的偿付上限时，（再）保险公司破产的概率变得很大。巨灾债券的赔付比传统的（再）保险公司更迅速，尤其是基于指数参数触发的巨灾债券，由于触发损失容易界定，当巨灾损失超过合约约定的参数指标时，特殊目的机构会及时把资金支付给保险公司，避免保险公司出现支付危机。

（2）降低违约风险。巨灾债券运行中，最重要的一个环节是设立特殊目的机构，在债券发起人和债券投资者之间架起桥梁。特殊目的机构把从投资者处获得的本金和从保险公司处获得的投保费存入信托账户，信托账户会保障正常的利息和本金支付。特殊目的机构起到了很好的风险隔离作用，避免了发行人因巨额损失赔付而出现的违约风险。

（3）稳定保险价格，扩大承保容量。巨灾再保险通常以一年期合约为主，当巨灾发生后，再保险的价格受巨灾影响非常大，（再）保险公司会纷纷在下一次合约时提高再保险的价格。因此，再保险价格波动较大，使再保险市场的需求受到影响。巨灾债券的期限较长，通过预先设定几年期的价格来稳定市场，保障投资者的收益（Kunreuther and Heal，2012）。巨灾债券通过风险证券化的形式，把保险市场的风险转移给资本市场的投资者，很大程度上扩大了巨灾风险的承保容量，解决了再保险市场容量不足的困境。

（4）丰富证券市场，为投资者提供多样化的资产组合。巨灾债券由于其承保的标的是巨灾风险，相比一般的金融衍生品具有较大的风险，但其给投资者带来的收益也更高。据迪克曼（Dicekmann，2008）研究，巨灾债券的收益要高于普通公司债券的两倍之多，这也是它吸引投资者的重要原因。根据马克维茨的资产组合理论，投资组合中各种资产的相关性越小，投资组合的风险也就越低。巨灾风险的发生与金融股票、债券市场的回报率之间不存在相关性。因此，巨灾债券提供了一种新的投资选择，可以达到优化组合资产，分散风险的目的（Litzenberger et al.，1996）。

（5）促进合约化和提高市场流动性。传统的保单合同一般比较复杂，除了基本的保险条目，还有多种附加款项。而巨灾证券是一种标准化的合约，尤其是基于指数参数触发的巨灾证券合约，其透明和客观的指数促进了合约的标准化。随着保险市场和资本市场的不断融合，标准化的合约更容易在二级市场买卖，促进合约的流行性并提高市场的交易份额。此外，由于巨灾证券交易过程中有评级机构的参与，降低了债券的信用风险，增强了投资者对债券的购买兴趣。

然而，作为一种新兴的巨灾衍生产品，在其发展过程中不可避免也会有不足之处。与传统的保险方法相比，它主要存在以下三点不足。

（1）发行成本高。由于巨灾债券发行过程涉及多个主体：特殊目的机构、其他参与机构、证券评级公司、风险评估公司、巨灾债券建模公司、基金公司等，这些机构的相互协作促进了债券的成功发行，使巨灾风险成功分散到资本市场的各投资者手中。但是债券交易过程中也涉及各种交易费用，如支付给特殊目的机构的再保险费、投资银行的债券承销费、风险评估费、巨灾债券建模费、债券评级费用、基金管理费等。不论债券发行的总额是多少，它们都是固定费用，必须支付。

（2）债券发行中道德风险和基差风险并存。从以上介绍的巨灾债券触发机制可以看出，指数参数触发的巨灾债券存在基差风险，实际损失触发的巨灾债券存在道德风险。基差风险是指证券化产品买方面临的索赔情况与损失参数并不完全相关所带来的风险。在巨灾债券中可能存在两个方面的基差风险，一方面，保险公司保险损失很严重，但是损失参数没有达到合约所约定的触发值，造成保险公司无法从巨灾债券中得到赔付；另一方面，保险公司面临的巨灾损失可能并不严重，但是损失参数已经超过触发值，保险人就可以从中获得赔付，而投资者遭受损失，这并不是债券设计的本意。

（3）巨灾债券作为一种新型的衍生产品，投资者熟悉这种巨灾衍生产品还需要时间。目前，巨灾债券的购买主体主要是机构投资者。相比一般的债券产品，巨灾债券的流动性还比较差。另外，为了提高产品的认识度和透明度，保险公司需要对财务信息进行披露，以便风险评价公司和债券评级公司评估他们所发行的债券风险。这在无形中会泄露很多公司的财务信息给同业竞争公司。

2.6　本章小结

本章首先介绍了巨灾风险的分类、主要特征和经济效应，然后介绍了巨灾债券的基本结构，包括巨灾债券的运行机制、触发机制和分类。其次，对巨灾债券的发展现状进行了介绍，并以东京迪斯尼 1999 年发行的巨灾债券为例，说明了巨灾债券的操作流程。此外，本章还对巨灾债券的定价基本原理进行了说明，得出触发值的设定在定价模型中是非常重要的。最后，分析了巨灾债券的优势和面临的挑战。

第 3 章　基于 POT 模型的单事件触发巨灾债券定价研究

　　近几十年来，全球各类巨灾事件频繁发生，如 2008 年的汶川地震、2011 年的日本大地震、2021 年河南郑州特大暴雨等，这些发生频率低，损失却异常巨大的自然灾害给保险业造成了严重的影响。为了更好地应对这类极端事件，需要准确估计这类极端事件所造成的各项损失。针对巨灾损失数据具有尖峰厚尾的特征，已有许多学者如雷舍塔尔（Reshetar，2008）、孙伟和牛津津（2008）、田玲等（2016）使用对数正态分布等尾部较厚的分布拟合巨灾损失，但这些模型都表现出较明显的局限性，它们虽能较好地拟合样本的主体分布，但对于具有显著厚尾性的巨灾损失，其拟合效果欠佳，很难对极端风险进行准确估计。而随着极值理论的发展，尾部风险拟合的准确性得到了进一步提高。极值理论专门以极端数据为研究对象，不需要预设分布的类型，可透过样本数据直接进行统计预测，较精确地评估极端风险可能导致的结果。

　　极值理论的应用始于 20 世纪 30 年代，耿贝尔（Gumbel，1958）首次将极值理论应用到实践中，分析了异常天气观测值、洪水统计等问题。之后极值理论在金融学（Karmakar，2013；Vela，2017；Magnou，2017；张昱城等，2021；王子仪和李磊，2023）、气象学（曹春红等，2016）、水文（赵纬等，2018）、地质灾害（赵昕等，2018）和保险学（曹玉松，2021）等方面得到了广泛的应用。但是，现有文献几乎都是直接利用 POT 模型进行实证研究，忽视了模型的检验环节，如卓志和王伟哲（2011），莱皮萨里（Leppisaari，2016），耿贵珍和王慧彦（2016），马宗刚等（2016）。

　　为此，本章先利用 KS 检验和 AD 检验，从常用的厚尾分布中选出巨灾损失拟合效果最好的分布，再将该分布与 POT 模型进行 VaR 估计效果的回测检验。利用全球洪水损失数据的死亡人数进行实证分析，回测检验结果表明，POT 模型对巨灾损失 VaR 的估计效果要优于常用厚尾分布，更能提高巨灾损失估计的准确度。最后利用得到的实证结果研究单事件触发巨灾债券定价模型，并进行实例分析和参数敏感度分析。

3.1　巨灾损失的 POT 模型构建

3.1.1　极值分布的概念与类型

极值（Extreme Value）在统计意义上通常是指数据集合中的最大值或最小值，而在概率意义上，极值则是指随机变量的极端变异性。在实际情况中，尽管对于一些数据集合，它的极值与其他数据间不存在较大的差距，但是，这样的一类数据集合也是存在极值的。

假设 X_1，X_2，$\cdots$，X_n 是一列独立同分布的随机变量序列，且服从同一个分布函数 $F(x)$。令 $M_n = \max\{X_1, X_2, \cdots, X_n\}$，$m_n = \min\{X_1, X_2, \cdots, X_n\}$，则 M_n 和 m_n 分别称为极大次序统计量和极小次序统计量，统称为极值统计量。

令 $F_{max}(x)$ 表示极大值 M_n 的分布函数，$F_{min}(x)$ 表示极小值 m_n 的分布函数。由于极值统计量与 X_1，X_2，$\cdots$，X_n 来自同一分布总体 $F(x)$，所以：

$$
\begin{aligned}
F_{max}(x) &= P(M_n \leqslant x) \\
&= P(X_1 \leqslant x, X_2 \leqslant x, \cdots, X_n \leqslant x) \\
&= \prod_{i=1}^{n} F_i(x) \\
&= F^n(x) \qquad\qquad\qquad (3-1)
\end{aligned}
$$

$$
\begin{aligned}
F_{min}(x) &= P(m_n \leqslant x) = 1 - P(m_n > x) \\
&= 1 - P(X_1 > x, X_2 > x, \cdots, X_n > x) \\
&= 1 - \prod_{i=1}^{n} P(X_i > x) \\
&= 1 - \prod_{i=1}^{n} (1 - P(X_i \leqslant x)) \\
&= 1 - (1 - F(x))^n \qquad\qquad (3-2)
\end{aligned}
$$

因此，如果总体分布 $F(x)$ 已知，则可由 $F(x)$ 得到极大值 M_n 和极小值 m_n 的分布。但是在实际情况中，由于总体分布 $F(x)$ 往往是未知的，所以很难直接由式（3-1）和式（3-2）推导出极大值 M_n 和极小值 m_n 的精确分布。

针对总体分布 $F(x)$ 未知的情况，传统的统计方法是用样本观察值的经验分布函数来代替未知的总体分布 $F(x)$。传统方法虽然简单易行，但是不足之处在于一旦对总体分布 $F(x)$ 的估计存在微小的偏差，很可能会显著体现在对极值的推导中。为了避免传统方法所带来的较大估计误差，可以通过极值理论来研究样本极值的渐进分布，即当样本容量 n 趋向于无穷时推导出未知的总体分布 $F(x)$。首先，需要指出的是，当 $n \to \infty$ 时，极大值 M_n 和极小值 m_n 存在退化分布的问题。以极大值 M_n 的分布函数 $F_{max}(x)$ 的极限为例，设：

$$A = \{x: 0 < F(X) < 1\}, \quad x^* = \sup_{x \in A} A, \quad x_* = \inf_{x \in A} A,$$

称集合 A 为分布 $F(x)$ 的支撑，x^* 是分布 $F(x)$ 支撑的上端点，x_* 是下端点。显然，对所有的 $x_* \le x < x^*$，都有当 $n \to +\infty$ 时，

$$F_{max}(x) = P(M_n \le x) = F^n(x) \to 0$$

如果分布 $F(x)$ 的上端点 x^* 有限，即 $x^* < \infty$，则对所有的 $x \ge x^*$，都有当 $n \to +\infty$ 时，

$$F_{max}(x) = P(M_n \le x) = F^n(x) \to 1$$

所以，无论 x^* 是否有限，当 $n \to \infty$ 时，极大值 M_n 分布的极限只能是 0 或 1，这种退化分布没有实际研究意义。

费雪和蒂皮特（Fisher and Tippet，1928）提出极值类型定理，通过这个定理解决了极值分布的退化问题，并且回答了哪些分布可以作为极值分布的问题。

假设 X_1，X_2，$\cdots$，X_n 是一列独立同分布的随机变量序列，如果存在常数列 $\{a_n > 0\}$ 和 $\{b_n\}$，使得对于任意的 $x \in R$，都有：

$$\lim_{n \to \infty} P\left(\frac{M_n - b_n}{a_n} \le x\right) = H(x)$$

成立，其中 $H(x)$ 是一个非退化的分布函数，那么 H 必定是以下三种类型之一：

I 型分布：$H_1(x) = \exp\{-e^{-x}\}$，$-\infty < x < +\infty$

Ⅱ型分布：$H_2(x; \alpha) = \begin{cases} 0, & x \leqslant 0, \\ \exp\{-x^{-\alpha}\}, & x > 0, \end{cases} \quad \alpha > 0$

Ⅲ型分布：$H_3(x; \alpha) = \begin{cases} \exp\{-(-x)^{\alpha}\}, & x \leqslant 0, \\ 1, & x > 0, \end{cases} \quad \alpha > 0$

其中，Ⅰ型分布、Ⅱ型分布和Ⅲ型分布分别称为 Gumbel 分布、Fréchet 分布和 Weibull 分布。需要指出的是，虽然从模型角度看，以上三种分布完全不同，但是从数学角度看，它们之间却有着密切的关系。事实上，当 X > 0 时，有：

$$X \sim H_2 \Leftrightarrow \log X^a \sim H_1 \Leftrightarrow -X^{-1} \sim H_3$$

极值类型定理说明，若 M_n 经过线性变换后对应的规范化变量（$M_n - b_n)/a_n$ 依概率收敛于某一非退化分布，那么，不论底分布 $F(x)$ 是什么形式，该极值分布必属于三种极值分布类型之一。也就是说，极值类型定理提供了类似于中心极值定理的极值收敛定理。

而且，求导后可以得到以上三种极值分布的密度函数，分别是：

$$h_1(x) = e^{-x} H_1(x), \quad -\infty < x < +\infty$$

$$h_2(x; \alpha) = \alpha x^{-(1+\alpha)} H_2(x; \alpha), \quad x > 0$$

$$h_3(x; \alpha) = \alpha(-x)^{\alpha-1} H_3(x; \alpha), \quad x \leqslant 0$$

从图 3-1 可以看出，三种极值分布有不同的尾部特性。Gumbel 分布的尾部，其密度函数呈指数形式衰减；Fréchet 分布的尾部呈现多项式形式的衰减，并且右尾端点是无限的，也就是常说的厚尾分布，它与 Gumbel 分布相比，其衰减速度更缓慢；而 Weibull 分布的左尾则呈代数阶形式的衰减，右尾端点是有限的，称为薄尾分布。

虽然上述三种极值分布代表了三种不同的极值行为，但是可以用统一的形式表示，具有这种形式的分布称为广义极值分布（Generalized Extreme Value，GEV），其统一形式如下：

$$H(x; \mu, \beta, \xi) = \exp\left\{-\left(1 + \xi \frac{x-\mu}{\beta}\right)^{-1/\xi}\right\}, \quad 1 + \xi(x-\mu)/\beta > 0$$

其中，$\mu, \xi \in R$，$\beta > 0$，μ 称为位置参数，β 为尺度参数，ξ 为形状参数。ξ 值越大则尾分布越厚，收敛速度越慢。由此可见，极值分布的类型是由形状参数 ξ 值来确定，与位置参数 μ 和尺度参数 β 无关。当 $\xi < 0$ 时，取 $\alpha = -1/\xi$，则 $H(x; \mu, \beta, \xi)$ 为 Weibull 分布；当 $\xi > 0$ 时，取 $\alpha = 1/\xi$，则 $H(x; \mu, \beta, \xi)$ 为 Fréchet 分布；当 $\xi = 0$ 时，$H(x; \mu, \beta, \xi)$ 为 Gumbel 分布。

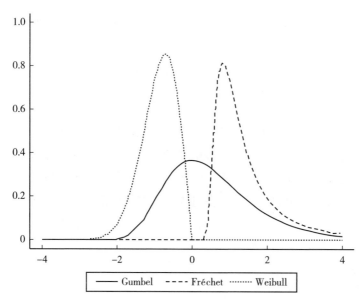

图 3 - 1　Gumbel、Fréchet、Weibull 分布的密度函数

3.1.2　常用极值理论模型

极值理论模型主要有两种，一种是传统的块最大值模型（Block Maxima Method，BMM），记为 BMM 模型，这种模型是通过选取数据区间内最大值或最小值的方式建立分布模型；另一种是现在主流的超阈值模型（Peak Over Threshold，POT），记为 POT 模型，该模型是通过选取超过样本某一个阈值的数据进行建模。下面简单介绍这两类极值模型的理论基础。

3.1.2.1　BMM 模型

BMM 模型的建模思路是：一般认为，不论是自然灾害造成的损失，还是金融市场的突变事件造成的收益损失，都可以用样本数据的最大值来反映灾害的严重程度。如果可以估计出最大值的分布，就能预估出最严重的损失情况。

BMM 模型一般按照如下步骤进行：假设观测值序列为 x_1，x_2，$\cdots$，x_n，按时间周期（月、季度、年等）标准，将观测时间间距平均分割成长度为 m 的 k 个子区间，并从各子区间里取出一个最大值，记为 z，那么就构成一个新的由最大值组成的序列 z_1，z_2，$\cdots$，z_k。根据费雪和蒂皮特的极值类型定理可知，只要长度 m 足够大，z_1，z_2，$\cdots$，z_k 就可以近似地看成是 GEV 分布的序列。

BMM 模型存在一些明显的不足：首先，它需要先对原始数据分组，然后对每组中的最大值组成的新序列进行 GEV 分布拟合，这不仅要求要有足够多的数据，还可能造成严重的数据浪费，导致一些重要的信息被忽略；其次，BMM 模型还忽略了极端数据可能出现的扎堆现象，因为自然灾害损失或金融损益的一些极值信息是相继出现的；最后，从 BMM 的建模思路还可以看出，模型的估计结果依赖于子区间的长度和子区间内的极值，当统计方法对分组的要求很敏感时，往往会造成较大的估计偏差，使得统计结果不可靠。针对 BMM 模型的这些不足，另一种极值数据建模方法——超阈值模型（POT 模型）就被提了出来。

3.1.2.2　POT 模型

POT 模型的建模思路是选取一个大值 u 作为阈值，然后对超过 u 的数据进行拟合建模。

假设 X_i（$i=1$，2，$\cdots$，n）是一列独立同分布的随机变量序列，服从同一分布函数 F(x)。选取一个足够大的数作为阈值 u，所有大于 u 的变量都作为极值变量，若 $X_i>0$，则称 $Y_i=X_i-u$ 为超出量（Excess）。容易验证：

$$F_u(x)=P(X-u\leq x\,|\,X>u)=\frac{F(u+x)-F(u)}{1-F(u)},\ x\geq 0$$

称 $F_u(x)$ 为超过阈值 u 的超出量的分布函数，简称为超出量分布。反之，也可以用 $F_u(x)$ 来表示总体分布，如式（3-3）所示。

$$F(x)=(1-F(u))F_u(x-u)+F(u),\ x>u \qquad (3-3)$$

巴尔克马和哈恩（Balkema and Haan，1974）以及皮肯（Pickands，1975）提出用一类近似分布对超出量分布 F_u 进行估计，具体可见下述定理。

定理 3-1（Pickands-Balkema-Hann 定理）给定一个足够大的阈值 u，则对于超出量分布 F_u，可以用广义帕累托分布（Generalized Pareto Distribution，GPD）即 $G_{\xi,\beta}(y)$ 近似，记为：

$$F_u(y)\approx G_{\xi,\beta}(y)$$

其中，

$$G_{\xi,\beta}(y)=\begin{cases}1-(1+\xi(y/\beta))^{-1/\xi}, & \xi\neq 0\\ 1-\exp(-y/\beta), & \xi=0\end{cases}$$

当 $\xi \geqslant 0$ 时，$y \in [0, +\infty)$；当 $\xi < 0$ 时，$y \in [0, -\beta/\xi)$；β，ξ 分别是尺度参数和形状参数。$G_{\xi,\beta}(y)$ 被称为广义帕累托分布，其密度函数为：

$$g_{\xi,\beta}(y) = \begin{cases} \dfrac{1}{\beta}\left(1 + \dfrac{\xi y}{\beta}\right)^{-1-1/\xi}, & \xi \neq 0 \\[3mm] \dfrac{1}{\beta}\exp\left(-\dfrac{y}{\beta}\right), & \xi = 0 \end{cases}$$

从图 3－2 可以看出，广义帕累托的尾部特征由形状参数 ξ 决定，当 $\xi \geqslant 0$ 时，GPD 分布具有厚尾特征，$\xi = 0$ 时，GPD 分布则退化为指数分布；$\xi < 0$ 时，GPD 分布具有短尾特征。

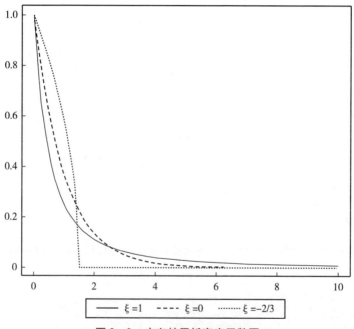

图 3－2　广义帕累托密度函数图

由于 POT 模型可以有效地弥补 BMM 模型的不足，充分地利用极值数据。POT 模型还具有形式简单、便于计算、适用范围广等优点，使其成为极值理论中最主流的模型，在水文、保险、交通等领域都得到了广泛应用。

3.1.3　极值理论模型的数据检验

极值理论模型是刻画数据的尾部特性，只有具有厚尾特征的数据才能用极值理论中的模型进行刻画。因此，在使用极值理论模型前需要事先对观测数据的厚尾性进行检验。通常可以采用指数分位数图（Quantiles – Quantiles Plots）法和数值法两种方法进行厚尾性分析，下面对这两种方法进行简单介绍。

3.1.3.1　指数分位数图法

指数分位数图法是通过观察图形来判断数据是否服从某一预先指定分布，即通过把经验分布函数图和已知分布函数图进行比较，如果两者一致，则图形会出现线性特征。

假设 x_1，x_2，…，x_n 是一列样本值，$x_{(1)} > x_{(2)} > \cdots > x_{(n)}$ 是样本值排序，F_n 是样本的经验分布函数，另外 F 是已知分布函数。指数分位数图是由点集 $\{(x_{(k)}, F^{-1}((n-k+1)/n))), k = 1, 2, \cdots, n\}$ 所构成的散点图，如果观察到图形呈现线性化趋势，则可认为样本服从已知分布。因此，可以利用指数分位数图检验样本的分布情况。特别地，指数分位数图就是用数据为横坐标，用指数分布的分位数为纵坐标的散点图。若观察到指数分位数图上的散点近似在某条直线附近，则说明数据服从指数分布；如果指数分位数图上的散点右端表现为曲线向上弯曲，则说明数据有比指数分布更厚的尾部。

3.1.3.2　数值法

前面提到的指数分位数图法是对变量的厚尾性进行定性的判断，而数值法则是一种定量的判断方法，其思路是通过计算数据的峰度值来判断厚尾性。峰度系数公式如下：

$$K = \frac{\sum_{i=1}^{k} (x_i - x)^4 f_i}{ns^4}$$

峰度系数是度量数据在中心的聚集程度，正态分布的峰度系数为 3，当峰度系数小于 3 时，说明数据聚集不那么集中，尾部比正态分布更长，类似于均匀分布；当峰度系数大于 3 时，说明观察量集中，尾部比正态分布更短。在实际应用中，若峰度系数大于 3，则可以认为该数据具有"尖峰厚尾"形态。

3.1.4　POT 模型的阈值选取

构建 POT 模型，实质上是考察超过阈值 u 的次序统计量。因此，合理地选择阈值 u 是关键所在，它会直接影响模型参数估计的准确性，进而影响巨灾损失风险值预测的准确性。

如果阈值 u 选取过大，会造成超过阈值 u 的样本数过少。由于参数值对较大的观测数据非常敏感，会造成参数估计的方差增大。反之，如果阈值 u 过低，又会造成超过阈值的样本量太多。虽然可观测的样本数较大，会增加估计的精度，但是超出量 $Y_i = X_i - u$ 可能不再服从 GPD 分布。另外，样本数的增加也会影响样本中心分布特征，从而极可能造成有偏的参数估计。

目前，阈值 u 的选取方法虽然还没有统一标准，但是大体可以分为两类——定性分析和定量分析。定性分析法是通过观察图形的线性变化或图形稳定性的波动趋势进行阈值判断，该方法主要指 MEF 图法（Mean Excess Function）和 Hill 图法；定量法主要是峰度法。下面对这三类阈值判断方法进行简单介绍。

3.1.4.1　MEF 图法

假设 $X_i (i = 1, 2, \cdots, n)$ 是一列独立同分布的随机变量，具有相同分布函数 $F(x)$。若 $X_i \geqslant u$，$X_i - u$ 是超出量，对于任意 $u > u_0$，则定义平均超出量函数 $e(u)$ 为：

$$e(u) = E(X - u \mid X > u)$$

展开得：

$$e(u) = \int_u^{+\infty} \frac{x - u}{1 - F(u)} dF(x) = \frac{1}{1 - F(u)} \int_u^{+\infty} - (x - u) d(1 - F(x))$$

分部积分，得：

$$e(u) = \frac{1}{1 - F(u)} \{ - \lim x(1 - F(x)) + \int_u^{+\infty} (1 - F(x)) d(x) \}$$

当 $0 < \xi < 1$ 时，超出量函数表达式为：

$$e(u) = \frac{1}{1 - F(u)} \int_u^{+\infty} (1 - F(x)) d(x)$$

$$= \frac{\beta}{1 - \xi} \left(1 + \frac{\xi u}{\beta} \right) = \frac{\beta + \xi u}{1 - \xi}$$

从上式可以看出，$e(u)$ 是阈值 u 的线性函数。

而在判断数据厚尾性时，也提到了 $e(u)$ 的估计函数，如式（3-4）所示。

$$e(u) = \frac{\sum\limits_{i=1}^{n}(x_i - u)}{\sum\limits_{i=1}^{n}K_i} = \frac{\sum\limits_{i=1}^{n}(x_i - u)^+}{N_u} \qquad (3-4)$$

定义点集 $\{u, e(u): u < x_{1,n}\}$ 为平均剩余寿命图（mean residual life plot），MEF 图就是通过平均剩余寿命图来选取阈值 u。具体就是，当式（3-4）中的样本平均超出量函数在 $X > u$ 时的斜率为正时，说明超阈值的样本变量服从形状参数 ξ 为正的广义帕累托分布；当样本平均超出量函数图在 $X > u$ 斜率为负时，表明超阈值的样本服从形状参数 ξ 为负的广义帕累托分布；如果样本平均超出量函数图在 $X > u$ 时斜率为 0，表明超阈值的样本服从形状参数 $\xi = 0$ 的指数分布。因此，可以得到一个判断阈值的办法，即选出一个足够大的阈值 u，使得在 $X > u$ 时，MEF 图可以近似看成斜率为正的直线图。

使用平均超出量函数 $e(u)$ 判断阈值，其优点是简单、直观，但是单纯根据线性程度进行判断，显然存在一些不足。尤其是在线性程度差别不大时，很难判断到底哪个值更适合做阈值。

3.1.4.2　Hill 图法

设 $X_i(i=1, 2, \cdots, n)$ 是一列独立同分布的随机变量，具有相同分布函数 $F(x)$，其次序统计量 $X_{1,n} \leq X_{2,n} \leq \cdots \leq X_{n,n}$，定义尾部指数的 Hill 统计量为式（3-5）中的 $H_{k,n}$。

$$H_{k,n} = \frac{1}{k}\sum_{j=1}^{k}(\ln X_{j,n} - \ln X_{k+1,n}) \qquad (3-5)$$

而尾指数 α 可以由 $H_{k,n}$ 估计出来，即 $\hat{\alpha} = H_{k,n}^{-1}$，从而根据 Hill 估计理论可以估计出总体分布函数如下。

$$\hat{F}(x) = 1 - \frac{N_u}{n}(1 + \frac{x-u}{u})^{-\hat{\alpha}}$$

其中，u 是选定的阈值，N_u 是观测数据中超过阈值 u 的个数。

以 k 为横轴，$H_{k,n}^{-1}$ 为纵轴作图，选取 Hill 图中尾部指数 $H_{k,n}$ 呈平稳的起始点的横坐标 k 所对应的样本点 x_i 作为阈值。

Hill 图法和 MEF 图法一样属于定性的判断阈值的图解法，优点是简单、直观。但是，这两种方法在确定阈值时主观性偏强，不同学者可能会有不同的判断。为了克服这两类定性方法的不足，有学者就提出了定量分析的方法，应用比较多的是峰度法。

3.1.4.3　峰度法

峰度法由皮尔（Pierre，2000）提出，其主要思想是：鉴于正态分布的峰度系数等于 3，故当所观测的样本为厚尾分布时，其峰度系数会大于 3。因此，可逐次剔除样本中使 $X_i - \overline{X}$ 值最大的 X_i，其中 $\overline{X}$ 是样本均值，如此进行剔除，直至样本峰度值小于 3 时停止，其具体做法如下：

步骤 1：计算样本均值 $\overline{X}$ 与样本峰度 K_n

$$\overline{X} = \frac{X_1 + X_2 + \cdots + X_n}{n}$$

$$K_n = \frac{E(X_i - \overline{X}_n)^4}{[E(X_i - \overline{X}_n)^2]^2}, \ i = 1, \ 2, \ \cdots, \ n$$

步骤 2：对峰度进行判断，若 $K_n \geqslant 3$，则选取使得 $|X_i - \overline{X}|$ 值最大的 X_i，将其从样本中删去。

步骤 3：重复步骤 1 和步骤 2，直到峰度小于 3 为止。

步骤 4：在留下来的样本数据中选出最大的 X_i，并以此为阈值。

峰度法虽能准确计算出一个数作为阈值，但也存在一些不足，如通过峰度法选出的阈值一般偏高，这将造成有效数据的丢失，最终导致模型估计的效果不是很理想。

3.1.5　POT 模型的参数估计

前面分析了数据的厚尾性，也对阈值的判断方法进行了介绍。接下来，需要估计 POT 模型的参数。估计参数的方法主要有最大似然估计法、矩估计法、概率权重矩法和对极值指数的估计法。使用最广泛的是最大似然估计法。

在实际中，很难真正得到一个独立同分布（即 GPD 分布）的样本。假定一个合适的阈值 u，则超出量 $Y_i = X_i - u$ 近似服从 GPD 分布，通过对 GPD 分布运用最大似然估计法进行参数估计，具体做法如下。

设 $X_i(i=1, 2, \cdots, n)$ 是一列独立同分布的随机变量，服从相同的分布函数 $F(x)$。现在选定阈值 u，如果 $X_i > u$，则 X_i 为极值数据，超出量为 $Y_i = X_i - u$，$i=1, 2, \cdots, k$，当阈值 u 足够大时，$\{Y_1, Y_2 \cdots, Y_k\}$ 可看作是服从 GPD 分布含有未知参数 ξ 和 β 的随机变量。

当 $\xi \neq 0$ 时，基于 GPD 分布，可推出对数似然函数为：

$$L(y; \beta, \xi) = -k\ln\beta - (1 + 1/\xi) \sum_{i=1}^{k} \ln(1 + \xi y_i/\beta) \qquad (3-6)$$

这里当 $\xi > 0$ 时，$y \geq 0$；当 $\xi < 0$ 时，$0 \leq y \leq -\beta/\xi$。当 $\xi = 0$ 时，对数似然估计函数为：

$$L(y; \beta) = -k\ln(\beta) - \frac{\beta}{u} \sum_{i=1}^{k} y_i \qquad (3-7)$$

通过使式（3-6）和式（3-7）的函数取最大值的方法，即可得到 ξ 和 β 的最大似然估计值。

3.2　巨灾损失的 VaR 估计

3.2.1　风险值（Value at Risk，VaR）

20 世纪 70 年代末，大量的金融机构对于内部模型的研发就已经开始，其中最有代表性的就是风险矩阵（Risk Metrics）系统。该系统要求员工在每个交易日结束后提交一份报告，报告的内容是未来 24 小时内整个银行的所有潜在损失和投资组合风险。通过这一方法可直接度量出所有交易头寸的风险，还能将所有的风险都汇总到单一的风险度量系统中，这种单一的风险度量指标就是所谓的 VaR。1994 年，摩根（Morgan）在互联网上免费公开了风险矩阵系统以及一些必要数据，从此以后，金融机构就开始广泛地运用 VaR 指标来度量风险。

VaR 常被翻译为风险值或在险值，它是衡量一个资产组合（或金融资产）在给定的持有期和给定的置信水平下，可能产生的最大损失。在概率意义上，VaR 是指在一定的持有期和一定的置信水平下，投资组合损失函数的分布函数的分位点。VaR 定义的数学表达式为：

$$VaR_\alpha = \inf\{l \in R: P(L > l) \leq 1 - \alpha\} = \inf\{l \in R: F_L(l) \geq \alpha\}$$

其中，L 是损失函数，$\alpha \in (0,1)$ 为显著性水平，F_L 是损失函数 L 的分布函数。特别地，如果损失函数的分布函数连续，则 $VaR_\alpha(L) = F_L^{-1}(\alpha)$。需要注意的是，由于在金融市场中，市场的变动所带来的可能是经济收益，也可能是经济损失。但是对于巨灾事件，巨灾只会导致损失。因而，在本书中的 VaR 均是指在给定置信水平下，巨灾事件所造成的可能最大损失。设 X 是巨灾损失变量，则置信水平 p 下的 VaR 为：

$$VaR^p = \inf\{l \in R: P(X > l) \leqslant p\}$$

VaR 具有以下优势：一方面，传统的风险衡量指标（如标准差或方差）只有一个点估计，而 VaR 引入置信水平，把预期的损失值与损失发生的概率结合起来，使风险管理不仅能获知发生损失的程度，还能了解其发生的概率；另一方面，对于一个包含多种不同类型（如债券、股票、期货、期权等）的投资组合，可以直接算出投资组合的风险值。

3.2.2　基于常用厚尾分布的 VaR 估计

常用的厚尾分布主要有对数正态分布、韦布尔分布、帕累托分布和伽玛分布（Gamma Distribution）。接下来介绍这些常用的厚尾分布。

对数正态分布的分布函数为：

$$F(x) = \begin{cases} \Phi((\ln x - \mu)/\sigma), & x > 0 \\ 0, & x \leqslant 0 \end{cases}$$

其中，$\Phi(\cdot)$ 是标准正态分布函数。对数正态分布的密度函数为：

$$f(x) = \begin{cases} \dfrac{1}{\sqrt{2\pi}x\sigma}\exp\left(-\dfrac{(\ln x - \mu)^2}{2\sigma^2}\right), & x > 0 \\ 0, & x \leqslant 0 \end{cases}$$

其数学期望和方差分别是 $e^{\mu+\sigma^2/2}$ 和 $e^{2\mu+\sigma^2}(e^{\sigma^2}-1)$。

韦布尔分布的分布函数为：

$$F(x) = \begin{cases} 1 - e^{-(\frac{x}{\sigma})^\alpha}, & x > 0 \\ 0, & x \leqslant 0 \end{cases}$$

相应的密度函数为：

$$f(x) = \begin{cases} \dfrac{\alpha}{\sigma}\left(\dfrac{x}{\sigma}\right)^{\alpha-1} e^{-(\frac{x}{\sigma})^\alpha}, & x > 0 \\ 0, & x \leqslant 0 \end{cases}$$

其中，α 是形状参数，σ 是尺度参数。

帕累托分布的分布函数为：

$$F(x) = \begin{cases} 1 - \left(\dfrac{x}{\sigma}\right)^{\alpha}, & x > 0 \\ 0, & x \leqslant 0 \end{cases}$$

相应的密度函数为：

$$f(x) = \begin{cases} \dfrac{\alpha\sigma^{\alpha}}{x^{\alpha+1}}, & x > 0 \\ 0, & x \leqslant 0 \end{cases}$$

其中，α 是形状参数，σ 是尺度参数。

伽玛分布的分布函数为：

$$F(x) = \begin{cases} \displaystyle\int_{0}^{x} e^{-t/\sigma} \dfrac{t^{\alpha-1}}{\sigma^{\alpha}\Gamma(\alpha)} dt, & x > 0 \\ 0, & x \leqslant 0 \end{cases}$$

相应的密度函数为：

$$f(x) = \begin{cases} e^{-x/\sigma} \dfrac{t^{\alpha-1}}{\sigma^{\alpha}\Gamma(\alpha)}, & x > 0 \\ 0, & x \leqslant 0 \end{cases}$$

其中，α 是形状参数，σ 是尺度参数。

由 VaR 的定义可知，当损失数据用常用厚尾分布来拟合时，VaR 的计算只需使用 R 软件运行相应分布的分位数命令即可实现。

3.2.3　基于 POT 模型的 VaR 估计

令 n 为样本总数，N_u 为超出阈值 u 的样本个数，则根据历史模拟法，可以用 $(n - N_u)/n$ 作为 $F(u)$ 的有效经验估计，可得：

$$F(x) = 1 - (N_u/n)(1 + \xi((x-u)/\beta)^{-1/\xi}), \quad \xi \neq 0, \ x > u$$

再由 VaR 定义，有：

$$F(VaR^p) = 1 - (N_u/n)(1 + \xi((VaR^p - u))/\beta)^{-1/\xi} = p$$

求反函数可得：

$$VaR^p = u + (\hat{\beta}/\hat{\xi})((n(1-p)/N_u)^{-\hat{\xi}} - 1)$$

其中，$\hat{\xi}$，$\hat{\beta}$ 分别为参数 ξ，β 的估计值。

3.2.4　VaR 的评价标准

本章采用库皮耶克（Kupiec，1995）提出的似然比（Likelihood Ratio，LR）检验法来比较常用厚尾分布和 POT 模型的 VaR 估计效果。假设所估计 VaR 的置信水平为 p，N 为失败次数，T 为总的检验次数，则实际失败频率为 N/T。一个准确的 VaR 模型的失败比率不应该显著不同于 $\alpha = 1 - p$，即零假设为 H_0：$N/T = \alpha$。于是有似然比检验法的检验统计量为：

$$LR = -2\ln\left[(1-\alpha)^{T-N}\alpha^{N} \right] + 2\ln\left[(1-N/T)^{T-N}(N/T)^{N} \right] \sim \chi^{2}(1)$$

3.3　基于 POT 模型的单事件触发巨灾债券定价

巨灾造成的违约风险与金融市场中的基本变量（如利率）无关，而取决于地震、洪水等自然灾害或人为巨灾风险，通常无法由资本市场中的股票、债券等传统金融工具组合来复制。因此，巨灾债券市场是一个不完全市场。不完全市场的定价方法已经有许多学者进行了研究（Friedberg，2005；Young，2007；秦学志和吴冲锋，2003）。巨灾债券的定价不仅受不完全市场的影响，还要考虑利率期限结构。

3.3.1　Vasicek 利率模型

Vasicek 利率模型在 1977 年由瓦西塞克（Vasicek，1977）提出，是一个具有均值回复过程的单因子利率模型。该利率模型的均值回复过程符合现实经济的特点，当利率较高时，经济增长放缓，企业等对资金的需求量下降，导致利率呈现下降趋势；反之，当利率较低时，资金需求量增加，促进经济增长，利率水平呈上升趋势。另外，Vasicek 利率模型还具有形式简单、易处理的优点。鉴于此，本章选用 Vasicek 利率模型来刻画利率期限结构，该短期利率模型如下：

$$dr(t) = \alpha(\mu - r(t))dt + \sigma dB(t)$$

其中，α，u 和 σ 均是正的常数；参数 α 表示均值回复速度，参数 μ 表示远期利率均值，参数 σ 表示利率波动率；B(t) 表示一个标准的布朗运动。

根据 Vasicek 的相关结论：在风险中性测度 Q 下，期限为 T，面值为 1 的零息巨灾债券在当前 t = 0 时刻的价格 P(0，T) 可写成如下形式：

$$P(0，T) = E^Q[e^{-\int_0^T r(t)dt} | r(0) = r_0] = C(T)\exp(-D(T)r_0)$$

$$(3-8)$$

其中，$C(T) = \exp\left\{\left(\mu_* - \dfrac{\sigma^2}{2\alpha^2}\right)\right\}(D(T) - T)\left(-\dfrac{\alpha^2}{4\alpha}D(T)^2\right)$，$D(T) = \dfrac{1}{\alpha}(1 - \exp(-\alpha T))$，$\mu_* = \mu - \dfrac{\lambda_r \sigma}{\alpha}$，$\lambda_r$ 是利率风险的市场价格参数，通常是个常数。

3.3.2 单事件触发巨灾债券定价模型

由于巨灾债券市场是一个不完全市场，其定价时需要满足一些假设前提，即：

假设 3 - 1：定价方法遵循莫顿测度（Merton's Measure）。该测度理论假设巨灾风险可以分散，认为是非系统性风险。假定小范围发生的巨灾风险对整个经济只有部分影响，投资者的期望收益等于无风险利率。

假设 3 - 2：在风险中性定价方法下，仅依赖于巨灾风险的变量和仅依赖于金融变量的事件相互独立，巨灾的累积损失过程从实际概率测度 P 转变为风险中性测度 Q 的过程中依然保持最初的结构。

设 X_i($i = 1，2，\cdots，n$) 是第 i 次巨灾的某项损失指标；巨灾发生次数过程 $\{N(t)，t \geq 0\}$ 是参数为 λ 的齐次泊松过程，与 X 相互独立；L_T 表示到期 T 为止的巨灾损失 X_i 的累积总额，即 $L_T = \sum_{i=1}^{N(T)} X_i$。

本章考虑的是面值为 F，期限为 T 的零息票本金没收型巨灾债券。当到期 T 为止的巨灾损失总额 L_T 小于触发值 K_1 时，本金 F 的损失为 0；当 L_T 大于 K_1 时，随着 L_T 的增大，本金损失也逐渐增大，直至 L_T 超过 K_2 时，本金全部损失。其具体支付结构如下。

$$P_{cat}(T) = \begin{cases} F， & L_T \leq K_1 \\ \dfrac{K_2 - L_T}{K_2 - K_1}， & K_1 < L_T \leq K_2 \\ 0， & K_1 < L_T \leq K_2 \end{cases} \qquad (3-9)$$

因为在风险中性测度 Q 下，仅依赖金融变量的事件与仅依赖巨灾风险的变量相互独立，所以巨灾债券的价格 V 为：

$$V = E^Q\left[e^{-\int_0^T r(s)ds} P_{cat}(T)\right] = E^Q\left[e^{-\int_0^T r(s)ds}\right] \times E^Q[P_{cat}(T)]$$

又因为累积损失过程从客观概率变为风险中性测度的过程中依然保持最初的结构特征，所以由式（3 - 8）有：

$$V = E^Q\left[e^{-\int_0^T r(s)ds}\right] \times E^Q[P_{cat}(T)] = C(T)\exp(-D(T)r_0) \times E[P_{cat}(T)]$$

$$(3 - 10)$$

其中，$C(T) = \exp\left\{\left(\mu_* - \dfrac{\sigma^2}{2\alpha^2}\right)\right\}(D(T) - T)\left(-\dfrac{\alpha^2}{4\alpha}D(T)^2\right)$，$D(T) = \dfrac{1}{\alpha}(1 - \exp(-\alpha T))$，$\mu_* = \mu - \dfrac{\lambda_r \sigma}{\alpha}$，$r_0$ 是初始利率。

3.3.3 债券价格的蒙特卡洛模拟

由于在式（3 - 10）中，$E[P_{cat}(T)]$ 不存在解析解，为此运用蒙特卡洛模拟方法求其数值解，具体步骤如下。

步骤 1：根据巨灾次数过程 $\{N(t), t \geq 0\}$ 是参数为 λ 的齐次泊松过程，产生 1 个随机数 M，确定 T 年内的巨灾总发生次数。

步骤 2：产生 M 个服从均匀分布 $U[0, 1]$ 的随机数 $v_i(i = 1, 2, \cdots, M)$。

步骤 3：利用 POT 模型拟合巨灾损失数据所得到的损失分布 $F(\cdot)$，通过求分布函数的逆函数，得到一列巨灾损失模拟值 $x_i(i = 1, 2, \cdots, M)$；最后求和得到 T 期内的总损失额 $L_T = x_1 + x_2 + \cdots + x_M$。

步骤 4：将 L_T 代入式（3 - 9）中，计算 $P_{cat}(T)$。

步骤 5：重复步骤 1 到步骤 4 多次（如 10 万次），就可以用算术平均值估计 $E[P_{cat}(T)]$。

步骤 6：将 $E[P_{cat}(T)]$ 的估计值代入式（3 - 10）中，即可得到巨灾债券价格 V。

3.4 实证分析

3.4.1 数据选择与处理

3.4.1.1 数据来源

本章的数据来源于达特茅斯学院洪水气象台提供的全球洪水档案①，这个数据库记载了1985~2021年全球发生的5000多起洪水事件，详细记录了每次洪水发生的时间、地点等多项指标。本章选取该数据库中洪灾造成的死亡人数数据作为研究样本，剔除零值后，提取死亡人数数据共计744个。

为了检验POT模型的估计效果，将1985年1月~2001年12月的517个数据作为样本内数据，其他的227个数据作为样本外数据。样本内数据用于估计模型参数，样本外数据用来检验VaR估计的准确性。

3.4.1.2 厚尾性检验

采用POT模型拟合数据之前，需要对数据进行厚尾性检验。本章采用指数分位数图和数值法进行判断。从表3－1可知，死亡人数的峰度值非常大，同时呈现右偏形态（偏度大于0）。

表3－1　　　　　　　　样本内洪灾死亡人数的描述性统计

观测值个数	均值	标准差	最小值	最大值	偏度	峰度
517	452	615	2	140000	21	483.7

进行对数化处理后，数据的描述性统计如表3－2所示，其峰度还是明显大于3，可以认为数据对数化后仍然具有厚尾性。此外，对数化后的数据，其分位数指数图（见图3－3）的右端呈现出上凸偏离的趋势，也进一步表明死亡人数具有厚尾性，因此适合用POT模型进行拟合。

----

① http：//www. dartmouth. edu/~floods/Archives/index. html。

表 3 - 2　　　　　　　　　样本内洪灾死亡人数取对数后的描述性统计

观测值个数	均值	标准差	最小值	最大值	偏度	峰度
517	3.5	1.7	0.7	11.8	1.7	3.8

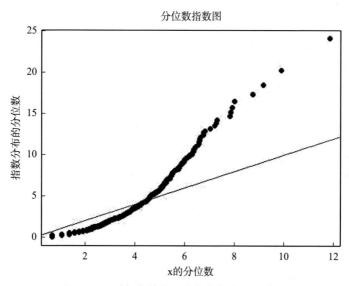

图 3 - 3　对数化的死亡人数的指数分位数图

鉴于对数化处理后的数据可以提高拟合精度，本章将对数据进行对数化处理后再进行拟合。

3.4.2　基于 POT 模型的边缘分布拟合

用损失变量 X 表示洪灾造成的死亡人数。对于死亡人数 X 超过阈值 u 的部分用 GPD 描述，低于阈值的部分用经验分布。则 X 的边缘分布拟合为：

$$F(x) = \begin{cases} \hat{F}(u) + (1 - \hat{F}(u))G_{\xi,\beta}(x-u), & x \geq u \\ \hat{F}(x), & x < u \end{cases} \quad (3-11)$$

其中，$\hat{F}(x)$ 是 X 的经验分布函数，$G_{\xi,\beta}(\cdot)$ 是形状参数和尺度参数分别为 ξ 和 β 的广义帕累托分布。

在 POT 模型中，阈值的选取非常关键。在实际应用中，主要采用平均超出量函数图法和 Hill 图法选择阈值。本章采用平均超出量函数图法进行阈值选取，在实际应用中，常利用样本的平均超出量函数图来选择阈值（Pickands，1975）。一般地，如果某个阈值后的平均剩余寿命函数曲线趋向于线性时，就可以选取这个值为阈值。

从图 3 - 4 可以看出，从 u = 0 到 u≈4.9 图形为曲线，从 u = 4.9 直到 u≈8 图形近似为直线，超过 u = 8，图形急剧下降。这表明应该取 u = 8，然而此时只有 5 个数据超过阈值可用于推断，数据太少，很难得到有意义的推断。我们认为在 u = 4.9 右侧图形为直线，选定初始的阈值为 4.9，这样做可能会更好。为了检验阈值 u = 4.9 是否合适，需要进行更细致的检查，即选择一系列阈值，对不同的阈值利用最大似然估计得到一系列参数值，如果参数估计值所选阈值附近是稳定的，就说明所选阈值合适。于是再进行经济损失的形状参数 ξ 和尺度参数 β 的检验，如图 3 - 5 所示，结果表明 ξ和 β 在 u = 4.9 附近时各图形是稳定的，同时也进一步证明了阈值选取的合理性。

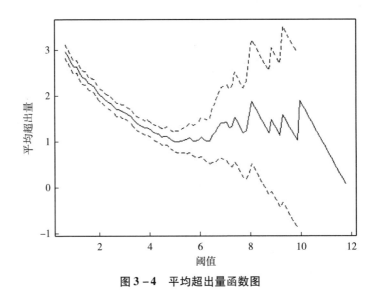

图 3 - 4　平均超出量函数图

当阈值选定后，利用最大似然估计法估计参数，得到 $\hat{\xi} = 0.0528$，$\hat{\beta} = 0.9756$。再利用参数估计结果，得到拟合分布中的诊断图，如图 3 - 6 所示，概率图上的点几乎围绕在一条直线上，分位数图除了几次异常严重的洪灾，也几乎都在一条直线上。重现水平图中，所选的样本都落在了指定分布的分位数区间内。最后,密度曲线估计和直方图也是吻合的。因此,POT 模型对洪灾死亡人数拟合是可以接受的,模型选取的阈值是合理的。

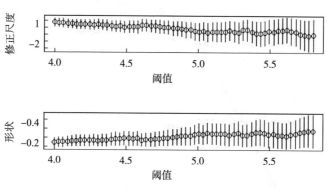

图 3 - 5　死亡人数的修正尺度参数及形状参数图

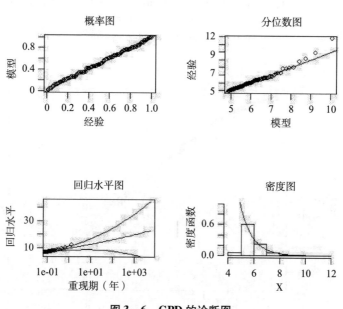

图 3 - 6　GPD 的诊断图

此外,还可以运用 GPD 与超出分布拟合图、分布尾部拟合图、残差的散点图和模型残差的分位数图对模型的拟合效果进行检验。从图 3 - 7 至图 3 - 10 可以看出,GPD 与超出分布的拟合基本一致,偏差较小,而且模型的残差也近似正态分布。因此，利用 GPD 模型来拟合数据是比较合适的。

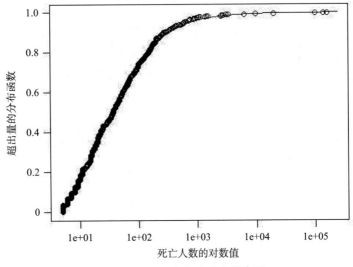

图 3 - 7　GPD 与超出分布拟合图

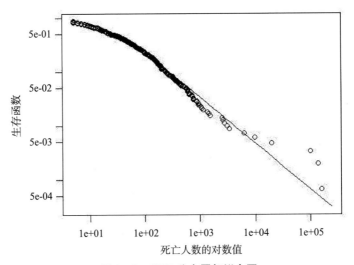

图 3 - 8　GPD 分布尾部拟合图

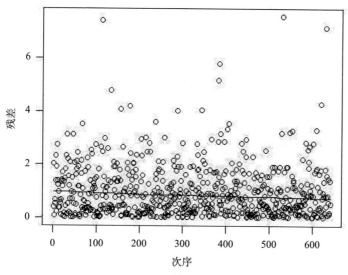

图 3 - 9　模型残差的散点图

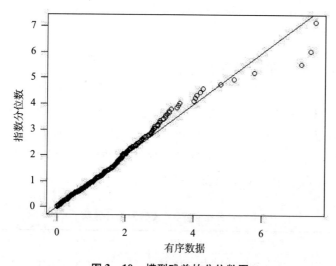

图 3 - 10　模型残差的分位数图

为了更好地说明 POT 模型在巨灾损失 VaR 估计方面的优势，本章从常用厚尾分布当中选出对数据拟合效果最好的分布作为比较对象。为此，先用最大似然估计法估计常用厚尾分布的参数，结果见表 3 - 3；再用 KS 检验和 AD 检验两种方法对这些常用厚尾分布进行拟合检验，结果见表 3 - 4。如表 3 - 4 所示，在 0.05 的显著性水平下，只有韦布尔分布可以通过检验。因此，选用韦布尔分布作为 VaR 估计效果回测检验的比较对象，显然这样得出的比较结果更具说服力。

表 3－3　　　　　　　　常用厚尾分布的参数估计

分布类型	对数正态分布	韦布尔分布	伽玛分布	帕累托分布
参数估计	$\hat{\mu}=1.0996$	$\hat{\alpha}=2.1431$	$\hat{\alpha}=3.5812$	$\hat{\alpha}=0.6931$
	$\hat{\sigma}=0.5852$	$\hat{\sigma}=3.9256$	$\hat{\sigma}=1.0305$	$\hat{\sigma}=0.6821$

表 3－4　　　　　　　　常用厚尾分布的统计检验

检验法	检验指标	对数正态分布	韦布尔分布	伽玛分布	帕累托分布
KS 检验	统计量值	0.0914	0.0335	0.0608	0.4306
	P 值	0.0004*	0.6066	0.044*	0.0000*
AD 检验	统计量值	9.0816	0.9026	3.4561	160.48
	P 值	0.0000*	0.4126	0.0162*	0.0000*

注：＊表示在 0.05 的显著性水平下检验被拒绝。

3.4.3　VaR 的估计效果检验

以最大似然估计法给出的参数估计结果为基础，估计样本外 227 个数据的 VaR。本章用于检测估计效果的数据共有 227 个，因此在 95%、97% 和 99% 的置信水平下，失败的期望次数分别是 11.35、6.81 和 2.27。韦布尔分布和 POT 模型的估计效果如表 3－5 所示。

表 3－5　　　　　　　韦布尔分布和 POT 模型的估计效果

检验指标	模型类别	95%	97%	99%
失败次数	韦布尔分布	7（11.35）	3（6.81）	3（2.27）
	POT 模型	9（11.35）	6（6.81）	3（2.27）
LR 值	韦布尔分布	2.0209	2.7669	0.2154
	POT 模型	0.5496	0.1034	0.2154
P 值	韦布尔分布	0.1552	0.0962**	0.6426
	POT 模型	0.4585	0.7478	0.6426

注：＊＊表示在 0.1 的显著性水平下检验被拒绝。

（1）POT 模型的失败次数比韦布尔分布更接近期望值；

（2）根据 LR 统计量的 P 值可以看出，POT 模型的 P 值在不同的置信水平下都显著大于 0.1，通过回测检验；而韦布尔分布在 97% 置信水平下的 P 值小于 0.1，即不能通过 0.1 显著性水平的检验；

（3）除了在 99% 置信水平，POT 模型的 P 值明显都大于韦布尔分布的 P 值，而且表现很稳定。

综上可知，相较于常用厚尾分布，本章采用的 POT 模型对巨灾风险的估计更加准确。

3.4.4　定价实例

为了简化运算，定价模型采用样本内的数据进行定价研究。以洪灾造成的死亡人数为标的，设计一款面值 F = 100，期限 T = 3 的零息票本金没收型巨灾债券。假定洪灾发生次数过程是参数 $\lambda = 3$ 的齐次泊松分布；损失标的的触发值 K_1 为洪灾死亡人数历史数据的 75% 分位点 q_1^X（故 $q_1^X = 100$）与 λ、T 的乘积，即 $K_1 = 900$；K_2 取历史数据的 90% 分位点 q_2^X（故 $q_2^X = 267$），则 $K_2 = 2403$；利率的参数 $r_0 = 0.03$，$\alpha = 0.4$，$\mu = 0.03$，$\sigma = -0.02$；市场风险参数 $\lambda_r = -0.01$。用蒙特卡洛方法模拟，结果如表 3 - 6 所示，当模拟次数达到 1 万次后，计算价格趋于稳定。采用模拟 10 万次后的计算结果，即该巨灾债券的价格为 66.9583。

表 3 - 6　　　　　　　　　　蒙特卡洛模拟结果

模拟次数	10000	20000	50000	100000
债券价格	66.7162	66.8725	66.8041	66.9583

3.4.5　参数敏感度分析

首先，分析期限 T 与价格 V 的关系。如图 3 - 11 所示，随着期限的延长，债券的价格会呈现下降的趋势。这虽然与实际情况一致，因为当期限比较长时，债券违约风险提高，债券被触发的概率增大，导致债券的价格呈现下降规律。

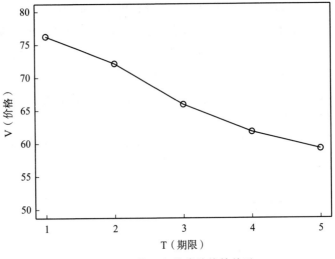

图 3 – 11 期限与债券价格的关系

其次，分析触发值 K_1 与价格 V 的关系，如图 3 – 12 所示。随着触发值的提高，将导致更高的债券价格。这是因为触发值设置较高时，合约触发的概率降低，发生损失赔付的概率越低，会使得投资者更有购买的意愿，从而导致债券价格提高。另外，需要指出的是，当触发值达到一定数值后，债券的价格增长幅度非常缓慢，最后趋于平缓。这是因为当触发值非常高时，本金损失的可能性非常小，债券价格受触发值的影响非常小。

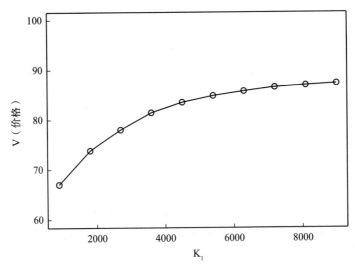

图 3 – 12 触发值与债券价格关系

最后，分析利率参数与价格 V 的关系。如图 3 – 13 至图 3 – 15 所示，债券价格随着利率参数 α 和 μ 的增大而减小，随着波动率参数 σ 的增强而增加。其中，长期利率均值 μ 对巨灾债券的价格影响最显著，并且债券价格 V 和 μ 有近似线性的关系。可见，债券价格与利率期限结构具有非常密切的关系，利率模型的选取和参数估计对债券价格具有重要影响。由此，也说明了本章采用 Vasicek 随机利率模型的合理性。

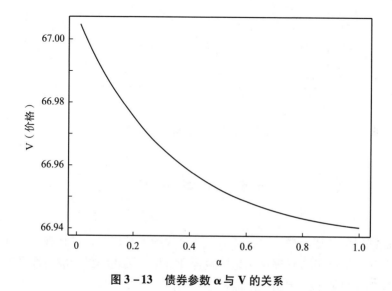

图 3 – 13　债券参数 α 与 V 的关系

图 3 – 14　参数 μ 与 V 的关系

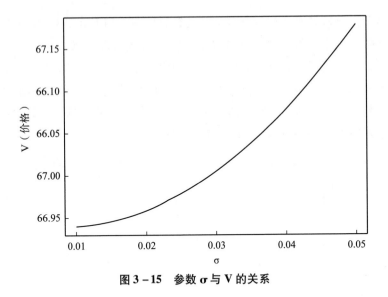

图 3 – 15　参数 σ 与 V 的关系

3.5　本 章 小 结

巨灾风险会造成严重的经济损失和重大的人员伤亡，对其进行管理具有重大意义。巨灾风险管理首先是风险合理量化，量化结果的准确性是下一步风险管理对策能够合理制定的前提。

本章选取 1985～2021 年全球洪水死亡人数为研究对象，先从常用的厚尾分布中选出巨灾损失拟合效果最好的分布，再与 POT 模型进行 VaR 估计效果检验。采用全球洪水损失数据的死亡人数进行实证分析，回测检验结果表明，POT 模型对巨灾风险 VaR 的估计要优于常用厚尾分布，更能提高巨灾风险预测的精度。

本章首先实证检验了 POT 模型在厚尾分布拟合上的优势，弥补了现有研究直接应用 POT 模型而忽视模型效果检验的不足。进而利用 POT 模型的拟合优势，研究单事件触发巨灾债券定价并进行了敏感度分析。实证结果表明，触发值、期限和利率等因素对巨灾债券价格具有显著影响，在构建债券定价模型时需要充分考虑这些因素。

第4章　基于 Copula-POT 模型的双事件
触发巨灾债券定价研究

第3章利用极值理论中的 POT 模型，研究了单事件触发巨灾债券定价问题。单事件触发巨灾债券具有结构简单、成本低的特点，成为投资组合中一种高收益的资产。康明斯（Cummins，2008）认为巨灾债券具有非常广阔的市场前景，债券结构设计的不断创新可以带来源源不断的动力，尤其是更符合市场需求的低风险产品的出现。胡佐治（Woo，2004）以恐怖事件为研究对象，研究了双事件触发巨灾债券模型。瑞斯塔（Reshtar，2008）选取美国财产损失和死亡人数，研究双事件的巨灾债券定价模型。李永等（2013）结合中国台风数据，结合 Copula 函数构建了双事件的巨灾债券定价模型。展凯和刘苏珊（2019）基于 1989～2017 年的广东省台风数据建立了定价模型，并利用 Gumbel-Copula 函数和 CIR 利率模型得到台风巨灾债券的价格。

Copula 函数可以很好地描述两个或两个以上的多变量之间的相关性，因此在风险管理（Lu et al.，2016；Cossette et al.，2018；曾诗鸿等，2023）、资产定价（Naifar，2011；Ghorbel，2012；Cossette，2018）和金融时间序列分析（Berger，2013；徐家庆和卢俊香，2022；徐君和郭宝才，2023）等方面都得到了广泛的应用。特别地，Copula 函数方法也被应用到了巨灾研究领域，如巨灾损失值的预测（Ganguli and Reddy，2012；佘敦先和夏军强，2018；Joyce et al.，2018；刘新红等，2019；巢文和钱晓涛，2020；何树红等，2023）和巨灾衍生品的定价（尚勤等，2012；巢文和邹辉文，2018；魏龙飞等，2020）。然而，目前关于双事件触发债券定价的研究都没有考虑巨灾损失的厚尾性。值得注意的是，现有关于双事件触发巨灾债券定价的文献，在设置事件的触发值时，都是分别按各自数据的历史分位点给定，未考虑由于事件之间的相关关系所带来的触发值之间的相关关系，这显然是不合理的。

针对以上不足，本章利用 POT 模型估计巨灾变量的边缘分布，并利用 Copula 函数刻画巨灾变量之间的相依结构，计算出巨灾风险的 CVaR 值。把求出的 CVaR 值应用到巨灾事件触发值的设定中，进而构建了基于 Copula-POT 模型的双事件触发巨灾债券定价模型。双事件触发巨灾债券，即只有同时两个巨灾指标满足才能被触发。较单事件触发巨灾债券，双事件触发巨灾债券的被触发概率更小，持有风险更低，可以更好地满足一些投资者对低风险巨灾债券的需求。

4.1 Copula 函数的理论分析

Copula 函数最早是由斯克拉（Sklar，1959）提出的，他指出 Copula 函数实际上就是一个连接函数，可以将多维随机变量的联合分布函数分解为一个 Copula 函数与随机变量边缘分布的复合，从而实现降低维度的目的。以二元分布函数为例，假设随机变量 X 和 Y 的联合分布函数为 $F(x, y)$，边缘分布函数分别是 $F_X(x)$ 和 $F_Y(y)$，则 $F(x, y) = C(F_X(x), F_Y(y))$，其中 $C(\cdot, \cdot)$ 表示一个 Copula 函数。也就是说，Copula 函数涵盖了两个变量间的所有相关信息，而两个变量的边缘分布又会涵盖各自的分布特征。Copula 函数具有两个最大的优点：首先，这种分解方法对变量的边缘分布没有任何限制条件；其次，可以简化模型，将相关问题由一个 Copula 函数刻画，从而可以将随机变量的边缘分布及其相关关系分开研究，这些优点非常有利于问题的分析和解决。

4.1.1 Copula 函数的定义与基本性质

4.1.1.1 二元 Copula 函数的定义与基本性质

定义 4 - 1：若二元函数 $C(u_1, u_2)$ 满足以下条件：

（1）二元函数 $C(u, v)$ 的定义域是 $[0, 1] \times [0, 1]$；

（2）二元函数 $C(u, v)$ 有零基面且是二维递增的；

（3）对于任意的 u，v ∈ [0，1]，满足：C(u，1) = u 和 C(1，v) = v。其中有零基面是指：存在 u_0，$v_0 ∈ [0，1]$，使得 $C(u_0，v) = 0 = C(u，v_0)$；二维递增是指：对于任意的 $0 ≤ u_1 ≤ u_2 ≤ 1$ 和 $0 ≤ v_1 ≤ v_2 ≤ 1$，有不等式成立：

$$C(u_2，v_2) - C(u_2，v_1) - C(u_1，v_2) + C(u_1，v_1) ≥ 0$$

定理 4 – 1（Sklar，1959）设随机变量 X 和 Y 的边缘分布函数分别是 $F_X(x)$ 和 $F_Y(y)$，联合分布为 F(x，y)，则存在一个 Copula 函数 C(·，·)，使得式（4 – 1）成立：

$$F(x，y) = C(F_X(x)，F_Y(y)) \tag{4–1}$$

如果边缘分布函数 $F_X(x)$ 和 $F_Y(y)$ 连续，则 Copula 函数 C(·，·) 是唯一确定的；反之，如果 $F_X(x)$ 和 $F_Y(y)$ 是一元分布函数，C(·，·) 是二元 Copula 函数，则由式（4 – 1）所确定的联合分布函数 F(x，y) 的边缘分布函数分别为 $F_X(x)$ 和 $F_Y(y)$。

定理 4 – 2（Nelsen，2006）假设 C(u，v) 是一个二元 Copula 函数，则对于任意的 u，$v ∈ [0，1]^2$，偏导数 $C_u(v) = ∂C(u，v)/∂u$ 和 $C_v(u) = ∂C(u，v)/∂v$ 分别对多数的 v 和 u 都存在，并且有 $0 ≤ C_u(v)$，$C_v(u) ≤ 1$。此外，$C_u(v)$ 和 $C_v(u)$ 都服从 [0，1] 上的均匀分布，并且在 [0，1] 上几乎处处非减。

假设随机变量 X 和 Y 的边缘分布函数 $F_X(x)$ 和 $F_Y(y)$ 可导，联合分布函数 F(x，y) 和相应的 Copula 函数 C(u，v) 二阶可导。X 和 Y 的边缘密度函数分别是 $f_X(x)$ 和 $f_Y(y)$，联合密度函数为 f(x，y)。记 Copula 函数 C(u，v) 的密度函数为：

$$C_v(u) = \frac{∂C(u，v)}{∂v}$$

根据式（4 – 1），容易求二阶偏导得到联合密度函数：

$$f(x，y) = \frac{∂^2 F(x，y)}{∂x∂y} = \frac{∂^2 C(F_X(x)，F_Y(y))}{∂x∂y} = \frac{∂^2 C(u，v)}{∂u∂v} \frac{∂F_X(x)}{∂x} \frac{∂F_Y(y)}{∂y}$$

$$= c(u，v)f_X(x)f_Y(y)$$

上式说明，联合密度函数可以分解为 Copula 的密度函数和边缘密度函数的乘积，其中 Copula 的密度函数描述了随机变量之间的相关关系，而边缘密度函数则刻画了随机变量各自的特征。反之，如果知道了随机变量的边缘密度，再根据随机变量之间的相关关系选择合适的 Copula 函数，就可以得到联合密度函数。这种可拆解结构是 Copula 函数能得以广泛应用的主要原因。

4.1.1.2　多元 Copula 函数的定义与基本性质

定义 4 – 2：n 元 Copula 函数是指具有以下性质的函数 C（u_1，u_2，…，u_n）：

（1）定义域是 [0，1]^n，即 [0，1]×[0，1]×…×[0，1]（n 个 [0，1] 的直积）；

（2）函数 C（u_1，u_2，…，u_n）有零基面，并且对每个 u_i（i = 1，2，…，n）是递增的；

（3）对于每个变量 $u_i \in$ [0，1]，（i = 1，2，…，n），函数 C（1，…，1，u_i，1，…，1）= u_i 都成立。

定理 4 – 3（多元分布的 Sklar 定理）设随机变量 X_i（i = 1，2，…，n）的边缘分布函数分别为 F_{X_i}（x_i）（i = 1，2，…，n），联合分布为 F（x_1，x_2，…，x_n），则存在一个 n 元 Copula 函数 C（u_1，u_2，…，u_n），使得式（4 – 2）成立：

$$F（x_1，x_2，…，x_n）= C（F_{X_1}（x_1），F_{X_2}（x_2），…，F_{X_n}（x_n））\quad（4-2）$$

如果边缘分布函数 F_{X_1}（x_1），F_{X_2}（x_2），…，F_{X_n}（x_n）都连续，则 Copula 函数 C（u_1，u_2，…，u_n）是唯一确定的；反之，如果 F_{X_1}（x_1），F_{X_2}（x_2），…，F_{X_n}（x_n）是一元分布函数，C（u_1，u_2，…，u_n）是 n 元 Copula 函数，则由式（4 – 2）确定的联合分布函数 F（x_1，x_2，…，x_n）的边缘分布函数分别为 F_{X_1}（x_1），F_{X_2}（x_2），…，F_{X_n}（x_n）。

4.1.2　Copula 函数的类型

在相关性的分析中，常用的 Copula 函数主要有四大类：椭圆类 Copula（Eliptic Copula）、阿基米德类 Copula（Archimedean Copula）、极值 Copula（Extreme Copula）和混合 Copula（Archimax Copula）。以上四类 Copula 函数中，前面两类 Copula 函数应用最为广泛，现简单介绍这两类 Copula。

4.1.2.1　椭圆类 Copula

椭圆类 Copula 主要有高斯（Gaussian）Copula 函数和（学生）t Copula 函数，其中 Gaussian Copula 函数也叫正态 Copula 函数。

1. Gaussian Copula 函数

n 元 Gaussian Copula 函数的分布函数和密度函数分别如下：

$$C(u_1, u_2, \cdots, u_n; \rho) = \Phi(\Phi^{-1}(u_1), \Phi^{-1}(u_2), \cdots, \Phi^{-1}(u_n))$$

$$c(u_1, u_2, \cdots, u_n; \rho) = |\rho|^{-1/2}\exp\left[-\frac{1}{2}\zeta^T(\rho^{-1} - I)\zeta\right]$$

其中，ρ 是对角线上元素都是 1 的 n 阶对称正定矩阵，$|\rho|$ 是 ρ 的行列式，Φ_ρ 是相关系数矩阵为 ρ 的标准 n 元 Gaussian 分布函数，Φ 和 Φ^{-1} 分别是一元标准正态分布函数及其反函数；ζ^T 是 ζ 的转置，且 $\zeta^T = (\Phi^{-1}(u_1), \Phi^{-1}(u_2), \cdots, \Phi^{-1}(u_n))$，I 是单位矩阵。

特别地，二元 Gaussian Copula 函数的分布函数的表达式为：

$$C_\rho(u, v) = \int_{-\infty}^{\Phi^{-1}(u)} \int_{-\infty}^{\Phi^{-1}(v)} \frac{1}{2\pi\sqrt{1 - \rho^2}}\exp\left(-\frac{x^2 - 2\rho xy + y^2}{2(1 - \rho^2)}\right)dxdy$$

相应的密度函数为：

$$c_\rho(u, v) = \frac{1}{\sqrt{1 - \rho^2}}\exp\left(-\frac{(\Phi^{-1}(u))^2 + (\Phi^{-1}(v))^2 - 2\rho\Phi^{-1}(u)\Phi^{-1}(v)}{2(1 - \rho^2)}\right)$$

$$\times \exp\left(-\frac{(\Phi^{-1}(u))^2(\Phi^{-1}(v))^2}{2}\right)$$

其中，$\rho \in (-1, 1)$ 是线性相关系数，它反映了变量间的线性相关程度。

二元 Gaussian Copula 函数的密度函数如图 4 − 1 所示，从图中可以看出，二元 Gaussian Copula 函数具有对称性。这种对称性的函数在刻画金融和巨灾变量时的优点是简单方便，但是由于它具有对称性，无法刻画非对称变量间的关系。

2. t Copula 函数

n 元 t Copula 函数的分布函数和密度函数分别如下：

$$C(u_1, u_2, \cdots, u_n; \rho, k) = t_{\rho,k}(t_k^{-1}(u_1), t_k^{-1}(u_2), \cdots, t_k^{-1}(u_n))$$

$$c(u_1, u_2, \cdots, u_n; \rho, k) = |\rho|^{-1/2}\frac{\Gamma\left(\frac{k + n}{2}\right)\left[\Gamma\left(\frac{k}{2}\right)^{n-1}\left(1 + \frac{1}{k}\zeta^T\rho^{-1}\zeta\right)^{-\frac{k+n}{2}}\right]}{\left[\Gamma\left(\frac{k + 1}{2}\right)\right]^n\prod_{i=1}^n\left(1 + \frac{\zeta_i^2}{k}\right)^{-\frac{k+1}{2}}}$$

其中，ρ 是对角线上元素都是 1 的对称正定矩阵，$|\rho|$ 是 ρ 的行列式，t_k^{-1} 是自由度为 k 的一元 t 分布函数的反函数；ζ^T 是 ζ 的转置，且 $\zeta^T = (t_k^{-1}(u_1), t_k^{-1}(u_2), \cdots, t_k^{-1}(u_n))$；$\Gamma(\cdot)$ 是伽玛函数。

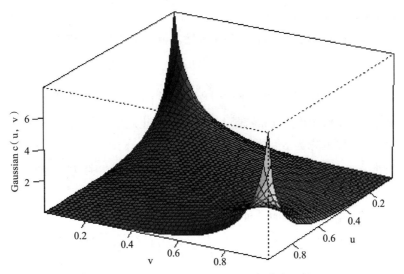

图 4 - 1　二元 Gaussian Copula 函数密度函数图

特别地，二元 t Copula 函数的分布函数表达式如下：

$$C_{\rho,k}(u, v) = \int_{-\infty}^{t_k^{-1}(u)} \int_{-\infty}^{t_k^{-1}(v)} \frac{1}{2\pi \sqrt{1-\rho^2}} \exp\left(1 + \frac{x^2 - 2\rho xy + y^2}{2(1-\rho^2)}\right) dxdy$$

相应的密度函数为：

$$c_{\rho,k}(u, v) = \rho^{-1/2} \frac{\Gamma\left(\frac{k+2}{2}\right)\Gamma\left(\frac{k}{2}\right)\left[\left(1 + \frac{\zeta_1^2 + \zeta_2^2 - 2\rho\zeta_1\zeta_2}{k(1-\rho^2)}\right)^{-\frac{k+2}{2}}\right]}{\left[\Gamma\left(\frac{k+1}{2}\right)\right]^2 \prod_{i=1}^{2}\left(1 + \frac{\zeta_i^2}{k}\right)^{-\frac{k+1}{2}}}$$

其中，k 是自由度，$\rho \in (-1, 1)$ 是线性相关系数。

二元 t Copula 函数的分布密度图如图 4 - 2 所示，从图中可以看出，同为椭圆类的 Copula 函数，它与 Gaussian Copula 函数一样具有对称性，不过相对于 Gaussian Copula 函数，它的尾部更厚，能比 Gaussian Copula 函数更好地刻画巨灾变量间的尾部相关特征。

4.1.2.2　阿基米德 Copula

杰内斯特和麦凯（Genest and Mackay，1986）给出了阿基米德 Copula 函数的定义：

$$C(u_1, u_2, \cdots, u_n) = \phi^{-1}(\phi(u_1) + \phi(u_2) + \cdots + \phi(u_n))$$

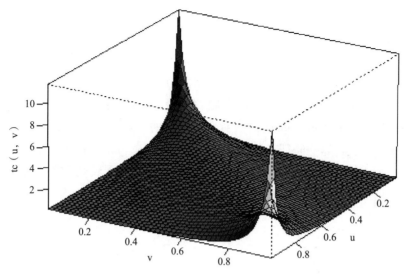

图 4 – 2　二元 t Copula 函数密度函数图

其中，$\phi(\cdot)$：$[0, 1] \rightarrow [0, +\infty)$ 满足 $\phi(1) = 0$，并且对于任意的 $0 \leqslant u \leqslant 1$，有 $\phi'(u) < 0$，$\phi''(u) > 0$，即 $\phi(\cdot)$ 是一个凸的减函数。函数 $\phi(\cdot)$ 称为阿基米德 Copula 函数的生成元，$\phi^{-1}(\cdot)$ 是 $\phi(\cdot)$ 的反函数。

下面对三种最常见的也是最重要的阿基米德 Copula 函数及其在相关研究中的应用特点进行简单介绍。

1. Gumbel Copula 函数

Gumbel Copula 函数的生成元 $\phi(u) = (-\ln(u))^{\theta}$，所以 n 元 Gumbel Copula 函数的表达式如下：

$$C_G(u_1, u_2, \cdots, u_n) = \exp(-[(-\ln u_1)^{\theta} + (-\ln u_2)^{\theta} + \cdots + (-\ln u_n)^{\theta}]^{1/\theta})$$

特别地，二元 Gumbel Copula 函数的分布函数表达式如下：

$$C_G(u, v) = \exp(-[(-\ln u)^{\theta} + (-\ln v)^{\theta}]^{1/\theta})$$

相应的密度函数为：

$$c_G(u, v; \theta) = \frac{C_G(u, v; \theta)(\ln u \cdot \ln v)^{\theta-1}}{uv[(-\ln u)^{\theta} + (-\ln v)^{\theta}]^{2-\frac{1}{\theta}}}$$
$$([(-\ln u)^{\theta} + (-\ln v)^{\theta}]^{-1/\theta} + \theta - 1)$$

其中，$\theta \in [1, +\infty)$ 是相关参数。当 $\theta = 1$ 时，随机变量 u，v 独立；当 $\theta \rightarrow \infty$ 时，随机变量 u，v 趋向于完全相关。

Gumbel Copula 函数的密度分布函数如图 4 – 3 所示，从图中可以看出，Gumbel Copula 的密度函数是非对称的，具有上尾高下尾低的特点，呈现"J"型，说明该 Copula 函数对分布的上尾变化非常敏感，能快速捕捉到上尾的相关变化。如果两个随机变量的相关结构由 Gumbel Copula 函数刻画，则在分布的上尾部，变量间具有更强的相关性。而在分布的下尾部，因为变量是渐进独立的，该 Copula 函数对变量下尾的变化不敏感，难以捕捉到下尾的相关变化。这一特征在风险管理中有重要的应用，比如当股市处于牛市时，一个市场的股票价格暴涨，另一个股票市场也出现股票价格暴涨的可能性大大增加。

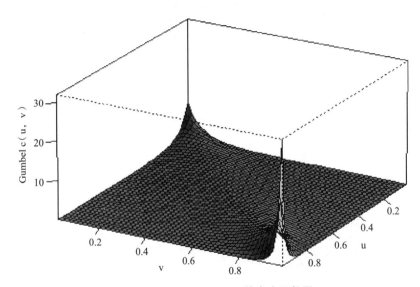

图 4 – 3　Gumbel Copula 的密度函数图

2. Clayton Copula 函数

Clayton Copula 函数的生成元 $\phi(u) = u^{-\theta} - 1$，所以 n 元 Clayton Copula 函数的表达式如下：

$$C_{CL}(u_1, u_2, \cdots, u_n) = (u_1^{-\theta} + u_2^{-\theta} + \cdots + u_n^{-\theta} - n + 1)^{1/\theta}$$

特别地，二元 Clayton Copula 函数的分布函数的表达式为：

$$C_{CL}(u, v) = (u^{-\theta} + v^{-\theta} + 1)^{-1/\theta}$$

相应的密度函数为：

$$C_{CL}(u, v; \theta) = (1 + \theta)(uv)^{-\theta-1}(u^{-\theta} + v^{-\theta} - 1)^{-2-1/\theta}$$

其中，$\theta \in [0, +\infty)$ 是相关系数。当 $\theta = 0$ 时，随机变量 u，v 独立；当 $\theta \to \infty$ 时，随机变量 u，v 趋于完全相关。

Clayton Copula 函数的密度分布函数如图 4-4 所示，从图中可以看出，Clayton Copula 的密度函数是非对称的，具有上尾低下尾高的特点，呈现"L"型，说明该 Copula 函数对分布的下尾变化非常敏感，能快速捕捉到下尾的相关变化。如果两个随机变量的相关结构由 Clayton Copula 函数刻画，则在分布的下尾部，变量间具有更强的相关性。而由于随机变量在上尾是渐进独立的，因此 Clayton Copula 函数对变量上尾部的变化不敏感，难以捕捉到上尾相关变化。Clayton Copula 函数主要是描述具有下尾相关性关系的变量。例如当股市处于熊市时，一个股票市场出现暴跌，另一个股票市场的股票普遍价格暴跌的可能性大大增加。

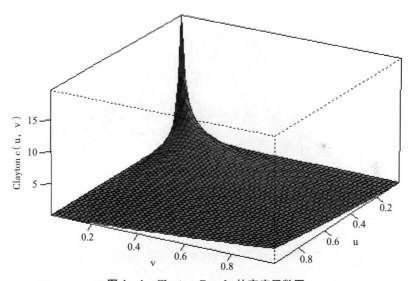

图 4-4　Clayton Copula 的密度函数图

3. Frank Copula 函数

Frank Copula 函数的生成元 $\phi(u) = -\ln\left(\dfrac{e^{-\theta u} - 1}{e^{-\theta} - 1}\right)$，所以 n 元 Frank Copula 函数的表达式如下：

$$C_F(u_1, u_2, \cdots, u_n) = -\frac{1}{\theta}\ln\left(1 + \frac{\prod\limits_{i=1}^{n}(e^{-\theta u_i} - 1)}{(e^{-\theta} - 1)^{n-1}}\right)$$

二元 Frank Copula 函数的分布函数的表达式为：

$$C_F(u, v) = -\frac{1}{\theta}\ln\left(1 + \frac{(e^{-\theta u} - 1)(e^{-\theta v} - 1)}{(e^{-\theta} - 1)}\right)$$

相应的密度函数为：

$$C_F(u, v) = \frac{-\theta(e^{-\theta} - 1)e^{-\theta(u+v)}}{[(e^{-\theta} - 1) + (e^{-\theta u} - 1)(e^{-\theta v} - 1)]}$$

其中，$\theta \neq 0$ 是相关系数。当 $\theta > 0$ 时，随机变量 u，v 正相关；当 $\theta = 0$ 时，随机变量 u，v 独立；当 $\theta < 0$ 时，随机变量 u，v 负相关。图4-5给出了 Frank Copula 的密度函数图，与前面提到的 Gumbel Copula 和 Clayton Copula 函数不同，其密度函数图像呈"U"型，具有对称的结构。

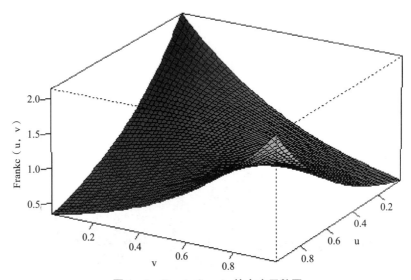

图4-5　Frank Copula 的密度函数图

以上三种阿基米德 Copula 函数在描述随机变量间相关结构时各有优缺点，但是也包括了相关结构变化的三种基本情形。

已有研究表明，阿基米德 Copula 函数比其他类型的 Copula 函数在拟合尖峰厚尾的数据方面更具优势（Paul et al.，2001；Kumar，2008；韦艳华和张世英；2008），而巨灾损失数据具有明显的尖峰厚尾特征，这也是本章选用阿基米德 Copula 函数的主要原因。

4.1.3　Copula 函数的参数估计

估计 Copula 函数的参数主要有一步最大似然估计法、分步最大似然估计法和半参数估计法。下面简单介绍这三种参数估计法。

1. 一步最大似然估计法

设随机变量 X_1，X_2，$\cdots$，X_n 的边缘分布函数和边缘密度函数分别为 $F_{X_i}(x_i；\theta_i)$ 和 $f_{X_i}(x_i；\theta_i)(i=1，2，\cdots，n)$，其中 θ_i 是边缘分布中的参数；选取的 Copula 函数为 $C(u_1，u_2，\cdots，u_n；\alpha)$，相应的密度函数为 $c(u_1，u_2，\cdots，u_n；\alpha)$，其中 α 是 Copula 函数的参数。则 X_1，X_2，$\cdots$，X_n 的联合密度函数为：

$$f(x_1，x_2，\cdots，x_n) = c(F_{X_1}(x_1)，F_{X_2}(x_2)，\cdots，F_{X_N}(x_n))\prod_{i=1}^{n}f_{X_i}(x_i)$$

$$= c(u_1，u_2，\cdots，u_n)\prod_{i=1}^{n}f_{X_i}(x_i)$$

于是，可将样本 $(x_{j,1}，x_{j,2}，\cdots，x_{j,n})(j=1，2，\cdots，m)$ 的对数似然函数设定为：

$$\ln L(x_1，x_2，\cdots，x_n；\theta) = \sum_{j=1}^{m}\ln c(F_{X_1}(x_{j,1}；\theta_1)，F_{X_2}(x_{j,2}；\theta_2)，\cdots，$$

$$F_{X_n}(x_{j,n}；\theta_n)；\alpha) + \sum_{i=1}^{n}\left(\sum_{j=1}^{m}\ln f_{X_i}(x_{j,i}；\theta_i)\right)$$

其中，$\theta=\{\theta_1，\theta_2，\cdots，\theta_n，\alpha\}$ 是所有边缘分布函数和 Copula 函数的全部需要估计的参数集合。求解上述对数似然函数的最大值点，即可求得所有参数的最大似然估计。

2. 分步最大似然估计法

将边缘分布中的参数 θ_1，θ_2，$\cdots$，θ_n 和 Copula 函数中的参数 α 分成两步来估计，即先利用最大似然估计法求 θ_1，θ_2，$\cdots$，θ_n 的估计：

$$\begin{cases} \hat{\alpha}_1 = \text{argmax}\sum_{j=1}^{m}\ln f_{X_1}(x_{j,1}；\theta_1) \\[2mm] \hat{\alpha}_2 = \text{argmax}\sum_{j=1}^{m}\ln f_{X_2}(x_{j,2}；\theta_2) \\[2mm] \qquad\qquad\vdots \\[2mm] \hat{\alpha}_n = \text{argmax}\sum_{j=1}^{m}\ln f_{X_n}(x_{j,n}；\theta_n) \end{cases}$$

再求 Copula 函数参数的最大似然估计：

$$\hat{\alpha} = \text{argmax} \sum_{j=1}^{m} \ln c(F_{X_1}(x_{1j}, \hat{\theta}_1), F_{X_2}(x_{2j}, \hat{\theta}_2), \cdots, F_n(x_{nj}, \hat{\theta}_n); \alpha)$$

这种分两步来估计参数的方法称为分步最大似然估计法。

3. 半参数估计法

如果用经验分布函数 $F_{X_i, n}(x)$ 来代替边缘分布函数 $F_{X_i}(x_{j,i}; \theta_i)(i = 1, 2, \cdots, n)$，则可以不用估计边缘分布函数中的参数，这样可以减少由边缘分布的参数估计所带来的估计误差。这种方法只需利用最大似然估计法估计 Copula 函数中的参数 α，即：

$$\hat{\alpha} = \text{argmax} \sum_{j=1}^{m} \ln c(u_1, u_2, \cdots, u_n; \alpha),$$

其中，$u_1 = F_{X_1, n}(x_{j,1})$，$u_2 = F_{X_2, n}(x_{j,2})$，$\cdots$，$u_n = F_{X_n, n}(x_{j,n})$。

4.1.4　Copula 函数的选取

如何从已有的 Copula 函数集合中选出最能准确刻画变量间相关结构的 Copula 函数，这需要同时对边缘分布函数和 Copula 函数进行检验和拟合度评价。选择的方法可以分为图形法和解析法两种，图形法常用的是分位数图法，而解析法里最常见的是 K－S 检验法、AD 检验法、AIC 准则法、BIC 准则法以及基于非参数核密度估计的最小距离法。

由于 K－S 检验法、AD 检验法、AIC 准则法和 BIC 准则法均是非常经典的方法，已经广为大家所使用，故不在此做详细介绍。下面主要介绍 Copula 函数检验中的分位数图法和非参数核密度估计的最小距离法的基本原理和使用方法。

1. 分位数图法

在本书的第 3.1.3 节已经介绍过分位数图的基本原理，这里将该方法应用到 Copula 函数的选取中。

设随机变量 X 和 Y 的边缘分布函数分别为 $F_X(x)$ 和 $F_Y(y)$，相应的 Copula 函数为 $C(u, v)$，在条件 $X = x$ 下，随机变量 Y 的条件分布函数为：

$$P(Y \leqslant y | X = x) = C_u(v)$$

其中，$C_u(v) = \partial C(u, v) / \partial u$，$u = F_X(x)$，$v = F_Y(y)$。又由于这样一个事实，若随机变量 X 有连续的分布函数 $F(x)$，记变量 $u = F(x)$，则变量 u 服从 $[0, 1]$ 上的均匀分布。因此有 $C_u(v)$ 服从 $[0, 1]$ 上的均匀分布，

于是可以通过检验 $C_u(v)$ 和 $C_v(u)$ 是否服从 $[0, 1]$ 均匀分布来判断所选取的 Copula 函数是否可以准确刻画出样本变量间的相关结构，而 $C_u(v)$ 和 $C_v(u)$ 的检验问题实质上就是一元分布函数的检验，直接运用分位数图进行检验即可。

分位数图法的优点是简单直观，便于理解和操作，但是它只能局限于二元 Copula 模型的检验，并且缺少量化指标，具有较强的主观性。因此，为了提高检验的准确度，该方法通常需要与其他检验法结合使用。

2. 非参数核密度估计的最小距离法

该方法来自任仙玲（2010），其核心思想是将非参数核密度估计的边缘分布函数值代入备选的 m 个 Copula 函数中，求 Copula 函数值与对应的多元非参数核密度估计分布函数值的欧式距离 $d_k(k = 1, 2, \cdots, m)$。当 d_k 取最小值时，所对应的 Copula 函数即为备选的 m 个 Copula 函数中的最佳 Copula 函数。主要步骤如下。

步骤 1：用非参数核密度估计边缘分布函数。

设 $\{x_i^{(t)}\}_{t=1}^{T}$ 是来自分布函数 $F_{X_i}(x_i)$ 的样本容量为 T 的样本，那么 $F_{X_i}(x_i)$ 的非参数密度估计为 $\hat{F}_{X_i}(x_i) = \int_{-\infty}^{x_i} \hat{f}_{X_i}(s)ds$，其中：

$$\hat{f}_{X_i}(x_i) = \frac{1}{Th_i} \sum_{t=1}^{T} K\left(\frac{x_i^{(t)} - x_i}{h_i}\right),$$

h_i 为光滑参数，$K(\cdot)$ 为核函数。

步骤 2：用基于乘积核的多元核密度估计随机变量的联合分布函数。

设 $\{x_1^{(t)}, x_2^{(t)}, \cdots, x_n^{(t)}\}_{t=1}^{T}$ 是来自联合分布函数 $F(x_i)(i = 1, 2, \cdots, n)$ 的一个样本，则：

$$\hat{F}(x_1, x_2, \cdots, x_n) = \frac{1}{T} \sum_{t=1}^{T} \prod_{i=1}^{n} \Phi\left(\frac{x_i - x_i^{(t)}}{h_i}\right)$$

其中，$\Phi(\cdot)$ 是标准正态分布函数。

步骤 3：定义距离，令：

$$d_k = \sqrt{\sum_{t=1}^{T} (\hat{F} - C_k)^2}, \ (k = 1, 2, \cdots, m)$$

步骤 4：确定最佳的 Copula 函数，即：

$$C_{opt} = \arg\min_k\{d_k\}, \ (k = 1, 2, \cdots, m)$$

4.2 巨灾损失的 CVaR 估计

4.2.1 巨灾损失的 CVaR

CVaR 是条件 VaR 的值，设 X，Y 表示巨灾的两个损失变量，在 Y = y 的条件下，X 的条件分布函数为 F(x|Y = y)，则置信水平为 p 的 CVaR 可如下定义：

$$VaR^p = F^{-1}(1 - p | Y = y),$$

其中，$F^{-1}(\cdot | Y = y)$ 为 $F(\cdot | Y = y)$ 的反函数。由定义可知 CVaR 实际上就是条件分位点的值，它的含义是当解释变量 Y = y 时，在给定的置信水平下，另一损失变量 X 可能的最大损失值。

4.2.2 基于阿基米德 Copula 的 CVaR 估计

当损失变量 X，Y 之间的相关关系由阿基米德 Copula 来刻画时，根据阿基米德 Copula 的定义，X，Y 的联合分布函数如下式所示。

$$F(x, y) = C(F_X(x), F_Y(y)) = \phi^{-1}[\phi(F_X(x)) + \phi(F_Y(y))]$$

其中，$F_X(x)$ 和 $F_Y(y)$ 分别是 X，Y 的边缘分布函数，$\phi(\cdot)$ 是阿基米德 Copula 的生成元，$\phi^{-1}(\cdot)$ 是 $\phi(\cdot)$ 的广义反函数。

此外，可以求出 X，Y 的条件分布函数如式（4-3）所示。

$$F(x|y) = \frac{\int_{-\infty}^{x} f(s, y) ds}{f_Y(y)} = \frac{\int_{-\infty}^{x} \frac{\partial^2 F(s, y)}{\partial s \partial y} ds}{f_Y(y)} = \frac{\frac{\partial F(x, y)}{\partial y}}{f_Y(y)} \quad (4-3)$$

（1）当阿基米德 Copula 为 Gumbel Copula 时，由于：

$$C_G(u, v) = \exp(-[(-\ln u)^\theta + (-\ln v)^\theta]^{1/\theta})$$

所以：

$$F(x, y) = \exp(-[(-\ln F_X(x))^\theta + (-\ln F_Y(y))^\theta]^{1/\theta})$$

代入式（4-3），得：

$$F(x|y) = \frac{\exp(-A^{1/\theta}) A^{(1-\theta)/\theta}(-\ln F_Y(y))^{\theta-1}}{F_Y(y)} \quad (4-4)$$

其中，$A = (-\ln F_X(x))^\theta + (-\ln F_Y(y))^\theta$。

（2）当阿基米德 Copula 为 Clayton Copula 时，由于：

$$C_{CL}(u, v) = (u^{-\theta} + v^{-\theta} - 1)^{-1/\theta}$$

所以：

$$F(x, y) = ((F_X(x))^{-\theta} + (F_Y(y))^{-\theta} - 1)^{-1/\theta}$$

代入式（4-3），得：

$$F(x \mid y) = ((F_X(x))^{-\theta} + (F_Y(y))^{-\theta} - 1)^{-(1-\theta)/\theta} (F_Y(y))^{-\theta-1}$$

（3）当阿基米德 Copula 为 Frank Copula 时，由于：

$$C_F(u, v) = -\frac{1}{\theta}\ln\left(1 + \frac{(e^{-\theta u} - 1)(e^{-\theta v} - 1)}{e^{-\theta} - 1}\right)$$

所以：

$$F(x, y) = -\frac{1}{\theta}\ln\left(1 + \frac{(e^{-\theta F_X(x)} - 1)(e^{-\theta F_Y(y)} - 1)}{e^{-\theta} - 1}\right)$$

代入式（4-3），得：

$$F(x \mid y) = -\frac{1}{1 + \dfrac{(e^{-\theta F_X(x)} - 1)(e^{-\theta F_Y(y)} - 1)}{e^{-\theta} - 1}} \cdot \frac{e^{-\theta F_Y(y)}(e^{-\theta F_X(x)} - 1)}{e^{-\theta} - 1}$$

$$= \frac{e^{-\theta F_Y(y)}(e^{-\theta F_X(x)} - 1)}{e^{-\theta} - 1 + (e^{-\theta F_X(x)} - 1)(e^{-\theta F_Y(y)} - 1)}$$

得到条件分布函数 $F(x \mid y)$ 的表达式后，对于 Clayton Copula 和 Frank Copula 的情况，显然可以求出 $F(x \mid y)$ 的反函数的解析解，进而就可以得到 CVaR 的值；而对于 Gumbel Copula，由于其条件分布函数的反函数无法求出解析解，只能采用数值法求其数值解，具体做法如下：记 X 的历史数据最小值为 $X_{\min}$，最大值为 $X_{\max}$；取足够大的正整数 N，将区间 $[X_{\min}, X_{\max}]$ 分为 N 个小区间，得到 $N+1$ 个分点 $x_{(0)}, x_{(1)}, x_{(2)}, \cdots, x_{(N)}$，再利用式（4-4）得到 $F(x \mid y)$ 在各分点处的值，最后根据下式计算：

$$CVaR^p = \arg\min_{x_{(j)}}\{\mid F(x_{(j)} \mid y) - p \mid\}(j = 1, 2, \cdots, N)$$

4.3　基于 Copula-POT 模型的双事件触发巨灾债券定价

4.3.1　CIR 利率模型

在第 3 章单事件触发巨灾债券定价模型中，采用的是 Vasicek 利率。Vasicek 利率虽具有均值回复项，但不能保证利率恒正。而 CIR 利率不仅可以描述利率均值回复，还能保证利率恒正。鉴于此，本章选用 CIR 利率（Cox，1985）模型来刻画利率期限结构，该短期利率模型如下：

$$dr(t) = \alpha(\mu - r(t))dt + \sigma\sqrt{r(t)}dB(t)$$

其中，α，u 和 σ 均是正的常数；参数 α 表示均值回复速度，参数 μ 表示远期利率均值，参数 σ 表示利率波动率；$B(t)$ 表示一个标准的布朗运动。

根据考克斯等学者的相关结论：在风险中性测度 Q 下，期限为 T，面值为 1 的零息巨灾债券在当前 $t=0$ 时刻的价格 $P(0,T)$ 可写成如下形式：

$$P(0,T) = E^Q\left[e^{-\int_0^T r(t)dt}\,|\,r(0) = r_0\right] = C(T)\exp(-D(T)r_0)$$

$$(4-5)$$

其中，$C(T) = \left(\dfrac{2\gamma e^{(\alpha_* + \gamma)T/2}}{(\alpha_* + \gamma)(e^{\gamma T} - 1)}\right)^{2\alpha_* \mu/\sigma^2}$，$D(T) = \dfrac{2(e^{\gamma T} - 1)}{(\alpha_* + \gamma)(e^{\gamma T} - 1) + 2\gamma}$，

$\gamma = \sqrt{\alpha_*^2 + 2\sigma^2}$，$\alpha_* = \alpha + \lambda_r$，$\lambda_r$ 是利率风险的市场价格参数，通常是常数。

4.3.2　双事件触发巨灾债券定价模型

本章的双事件触发巨灾债券模型是上一章的延伸，由于巨灾债券市场是一个不完全市场，其定价时需要满足一些假设前提，即：

假设 4-1：定价方法遵循莫顿测度。该测度理论假设巨灾风险可以分散，认为是非系统性风险。假定小范围发生的巨灾风险对整个经济只有部分影响，投资者的期望收益等于无风险利率。

假设 4-2：在风险中性定价方法下，仅依赖于巨灾风险的变量和仅依赖于金融变量的事件相互独立，巨灾的累积损失过程从实际概率测度 P 转变为风险中性测度 Q 的过程中依然保持最初的结构。

设 X_i 和 $Y_i(i=1,2,\cdots,n)$ 是第 i 次巨灾的某两个损失指标，x 和 y 之间的相关关系由阿基米德 Copula 来刻画；巨灾发生次数过程 $\{N(t),t \geqslant 0\}$ 是参数为 λ 的齐次泊松过程，与 X，Y 相互独立；L_T^X 和 L_T^Y 分别表示到期 T 为止的巨灾损失 X_i 和 Y_i 的累积总额，即 $L_T^X = \sum\limits_{i=1}^{N(T)} X_i$，$L_T^Y = \sum\limits_{i=1}^{N(T)} Y_i$。

本章考虑的是面值为 F，期限为 T 的零息票本金没收型巨灾债券。当到期 T 为止的损失总额 L_T^X 小于触发值 K_1^X，或 L_T^Y 小于触发值 K^Y 时，本金 F 的损失为 0；当 L_T^X 大于 K_1^X，同时 L_T^Y 大于 K^Y 时，随着 L_T^X 的增大，本金损失也逐渐增大，并且当 L_T^X 超过 K_2^X 时，本金全部损失。也就是说，只有当两

个事件都触发时，本金才会开始损失，其具体支付结构如下：

$$P_{cat}(T) = \begin{cases} F, & L_T^X \leqslant K_1^X \text{ 或 } L_T^Y \leqslant K^Y \\ \dfrac{K_2^X - L_T^X}{K_2^X - K_1^X} \times F & K_1^X < L_T^X \leqslant K_2^X \text{ 且 } K^Y < L_T^Y \\ 0, & R_t > R_* \end{cases} \quad (4-6)$$

因为在风险中性测度 Q 下，仅依赖金融变量的事件与仅依赖巨灾风险的变量相互独立，所以巨灾债券的价格 V 为：

$$V = E^Q \left[e^{-\int_0^T r(s)ds} P_{cat}(T) \right] = E^Q \left[e^{-\int_0^T r(s)ds} \right] \times E^Q \left[P_{cat}(T) \right]$$

又因为累积损失过程从客观概率变为风险中性测度的过程中依然保持最初的结构特征，所以由式（4-5）有：

$$V = E^Q \left[e^{-\int_0^T r(s)ds} \right] \times E^Q \left[P_{cat}(T) \right] = C(T) \exp(-D(T)r_0) \times E \left[P_{cat}(T) \right]$$

$$(4-7)$$

其中，$C(T) = \left(\dfrac{2\gamma e^{(\alpha_* + \gamma)T/2}}{(\alpha_* + \gamma)(e^{\gamma T} - 1)} \right)^{2\alpha_* \mu / \sigma^2}$，$D(T) = \dfrac{2(e^{\gamma T} - 1)}{(\alpha_* + \gamma)(e^{\gamma T} - 1) + 2\gamma}$，

$\gamma = \sqrt{\alpha_*^2 + 2\sigma^2}$，$\alpha_* = \alpha + \lambda_r$，$r_0$ 是初始利率。

4.3.3　债券价格的蒙特卡洛模拟

由于在式（4-7）中，$E[P_{cat}(T)]$ 不存在解析解，因此运用蒙特卡洛模拟方法求其数值解，具体步骤如下。

步骤 1：根据巨灾次数过程 $\{N(t), t \geq 0\}$ 是参数为 λ 的齐次泊松过程，产生 1 个随机数 M，确定 T 年内的巨灾总发生次数。

步骤 2：利用由损失变量 X 和 Y 的相关关系拟合的阿基米德 Copula 函数产生 M 对随机数 v_i，$w_i(i = 1, 2, \cdots, n)$。

步骤 3：利用拟合的损失变量 X 和 Y 的边缘分布函数 $F_X(x)$ 和 $F_Y(y)$，先通过求分布函数的反函数，得到 M 对巨灾损失观测值 x_i，$y_i(i = 1, 2, \cdots, n)$，其中 $x_i = F_X^{-1}(v_i)$，$y_i = F_Y^{-1}(w_i)$；再分别计算 T 期内的损失总额 L_T^X 和 L_T^Y，即 $L_T^X = \sum_{i=1}^M x_i$，$L_T^Y = \sum_{i=1}^M y_i$。

步骤 4：将 L_T^X 和 L_T^Y 代入式（4-6）中，计算 $P_{cat}(T)$。

步骤 5：重复步骤 1 到步骤 4 多次（如 10 万次），就可以用其算术平均值估计 $E[P_{cat}(T)]$。

步骤6：将 $E[P_{cat}(T)]$ 的估计值代入式（4-7）中，即可得到巨灾债券价格 V。

4.4 实 证 分 析

4.4.1 数据选择与处理

本章的数据仍使用达特茅斯学院洪水气象台提供的全球洪水档案，选取1985～2021年洪灾造成的经济损失[①]和受灾面积为研究样本。由于数据的时间跨度很大，本章采用美国劳工部发布的 CPI 指数，将所有经济损失都进行调整，以消除通货膨胀的影响。提取有经济损失记录且损失大于一百万美元的数据，共计872条。

采用 POT 模型拟合数据之前，需要对数据进行厚尾性检验。本章仍采用指数分位图和数值法判断。从表4-1损失数据的基本描述性统计可以看出，经济损失和受灾面积的峰度值分别为386.3和29.675，经济损失和受灾面积的指数分位数图如图4-6和图4-7所示，从两个分位数图可以看出，图形尾部行为呈现上凸形状，表明数据的分布具有明显的厚尾特征。损失数据对数化后的基本描述性统计如表4-2所示，经济损失的峰度值接近3，说明该数据厚尾性不强；受灾面积的峰度值低于3，即该数据无厚尾性。此时一般有两种处理方法，一种方法是采用对数化前的数据，则可运用 POT 模型进行数据拟合；另一种方法是运用经验分布等拟合对数后的数据。本章采用前面一种方法进行处理，即使用 POT 模型拟合对数化前的数据。

表4-1　　　　　　　　经济损失和受灾面积的描述性统计

指标	观测个数	平均值	标准差	最小值	最大值	偏度	峰度
经济损失（百万美元）	872	1303	11910	1.1	281916	18.4	386.3
受灾面积（百平方千米）	872	13.579	26.152	0.001	285.661	4.693	29.675

---

①　本书的经济损失是指洪灾造成的直接经济损失。事实上，由于巨灾间接经济损失与直接经济损失相比，在时间上有个滞后期，它的评估方法需要根据具体的损失对象加以确定，暂时还没有统一的方法和规范。因此，目前相关研究一般都是采用直接经济损失数据。

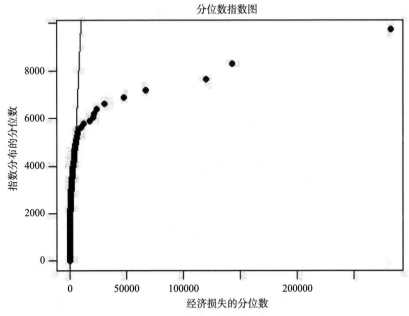

图 4 – 6　经济损失的指数分位数图

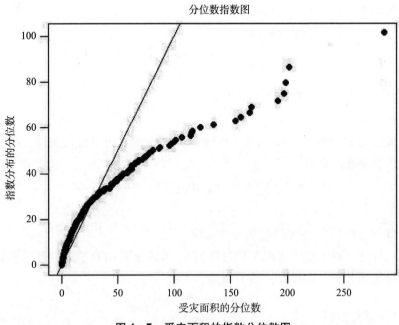

图 4 – 7　受灾面积的指数分位数图

表 4 – 2　　　　　　　　经济损失和受灾面积取对数后的描述性统计

指标	观测个数	平均值	标准差	最小值	最大值	偏度	峰度
经济损失（美元）	872	17.946	2.237	13.899	26.365	0.388	2.797
受灾面积（平方千米）	872	10.627	1.760	2.481	14.865	-0.608	3.767

4.4.2　基于 POT 模型的边缘分布拟合

POT 模型刻画的是随机变量 X 超过某个阈值 u 的分布，设随机变量 X 的分布是 $F(x)$，$Y = X - u$ 为超阈值的极端统计量，则其分布函数为：

$$F_u(y) = P(X - u \leqslant y | X > u), \quad y \geqslant 0 \tag{4-8}$$

再由条件概率公式可得：

$$F_u(y) = P(X - u \leqslant y | X > u) = (F(u + y) - F(u))/(1 - F(u))$$

从而：

$$F(x) = (1 - F(u))F_u(x - u) + F(u), \quad x \geqslant u \tag{4-9}$$

根据 Pickands-Balkama-de Hann 定理（Pickands，1975）：当 u 足够大时，$F_u(y)$ 可以用 GPD 来近似：

$$F_u(y) \approx G_{\xi,\beta}(y) = \begin{cases} 1 - (1 + \xi(y/\beta))^{-1/\xi}, & \xi \neq 0 \\ 1 - \exp(-y/\beta), & \xi = 0 \end{cases} \tag{4-10}$$

其中，$G_{\xi,\beta}(y)$ 函数为 GPD 分布。

在本章中，分别用损失变量 X 和 Y 表示经济损失和受灾面积。对于经济损失 X 超过阈值 u_X 的部分用 GPD 描述，低于阈值的部分用经验分布。则 X 的边缘分布拟合为：

$$F_X(x) = \begin{cases} \hat{F}_X(u_X) + (1 - \hat{F}_X(u_X))G_{\xi_X,\beta_X}(x - u_X), & x \geqslant u_X \\ \hat{F}_X(x), & x < u_X \end{cases} \tag{4-11}$$

其中，$\hat{F}_X(x)$ 是 X 的经验分布函数。

同样地，对于受灾面积 Y 超过阈值 u_Y 的部分用 GPD 描述，低于阈值的部分用经验分布。则 Y 的边缘分布拟合为：

$$F_Y(y|y \geqslant 1) = \begin{cases} \hat{F}_Y(u_Y) + (1 - \hat{F}_Y(u_Y))G_{\xi_Y,\beta_Y}(y - u_Y), & y \geqslant u_Y \\ \hat{F}_Y(y), & y < u_Y \end{cases}$$

$$\tag{4-12}$$

其中，$\hat{F}_Y(y)$ 是 Y 的经验分布函数。

4.4.3　POT 模型的参数估计与拟合检验

如前章所述，用 GPD 拟合 $F_u(y)$ 阈值的选择非常重要。阈值不能过高也不能过低，过高会导致超额数据量较少，从而使参数估计值方差很大；过低则不能保证极值分布的收敛性，导致估计偏差很大。在实际应用中，一般采用 MEF 图和 Hill 图法两种方法确定，本章拟采用 Hill 图法判断。根据 Hill 图的选择标准，选取 Hill 图呈平稳的起始点的横坐标所对应的样本点作为阈值。经济损失的 Hill 图如图 4 - 8 所示，可知在 720 附近 Hill 图呈现平稳。为了进一步判断 u = 720 是否合适，仍需进行更细致的检查，即选择一系列阈值，对不同的阈值利用最大似然估计得到一系列参数值，如果参数估计值所选阈值附近是稳定的，就说明所选阈值合适。于是再进行经济损失的形状参数 ξ 和尺度参数 β 的检验，如图 4 - 9 所示，结果表明 ξ 和 β 在 u = 720 附近各图形是稳定的，同时也进一步证明阈值选取的合理性。用同样的方法，根据图 4 - 10 和图 4 - 11 判断受灾面积的阈值为 20。

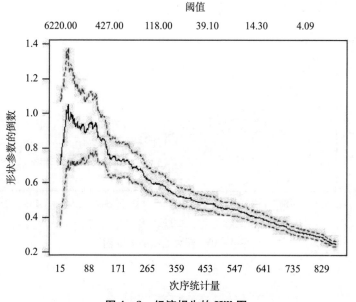

图 4 - 8　经济损失的 Hill 图

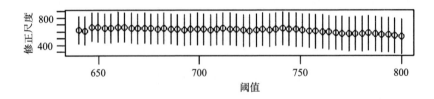

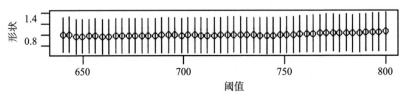

图 4 - 9 经济损失的修正尺度及形状参数图

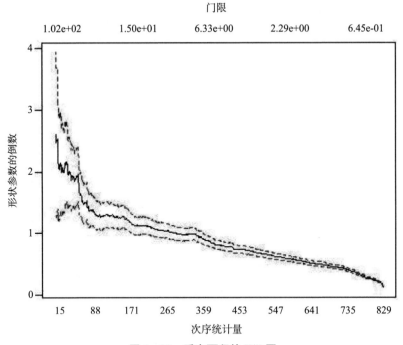

图 4 - 10 受灾面积的 Hill 图

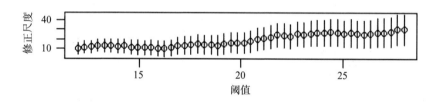

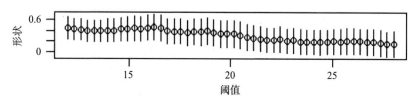

图 4 – 11 受灾面积的修正尺度及形状参数图

当经济损失和受灾面积的阈值确定以后，再利用最大似然估计法对参数 ξ 和 β 进行估计。结果如表 4 – 3 所示。

表 4 – 3   **POT 模型参数估计**

参数	n	N_u	u	ξ	β
经济损失	872	135	720	1.0008	970.4489
受灾面积	872	150	20	0.3265	23.4932

利用估计结果，可以进一步得到经济损失拟合分布的诊断图，如图 4 – 12 所示。

经济损失概率图的所有点近似在一条直线上，分位数图除了几个异常经济损失外，基本都在一条直线上。从重现水平图看，所有的样本数据都落在指定分布的置信区间内。另外，由于损失数据未进行对数化处理，在数量级上存在较大差异，因此密度曲线的估计图与直方图的吻合效果不佳。再利用 GPD 与超出分布拟合图等四个图进行进一步诊断。如图 4 – 13 至图 4 – 16 所示，使用 GPD 分布拟合经济损失数据的阈值超出量是合理的。

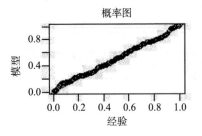

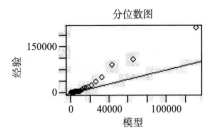

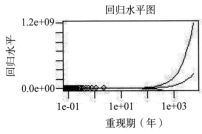

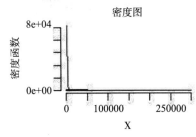

图 4 – 12　经济损失的 GPD 分布拟合诊断图

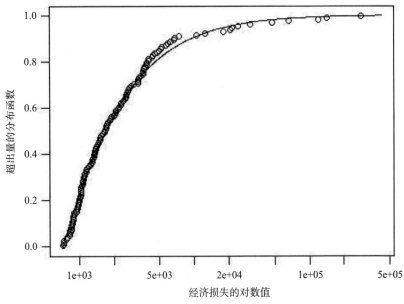

图 4 – 13　GPD 与超出分布拟合

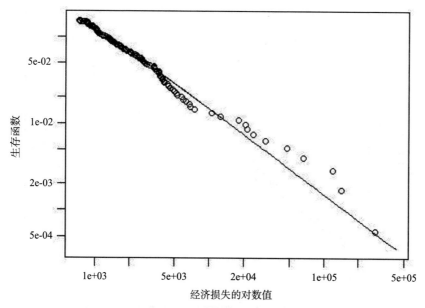

图 4 – 14　分布尾部拟合图

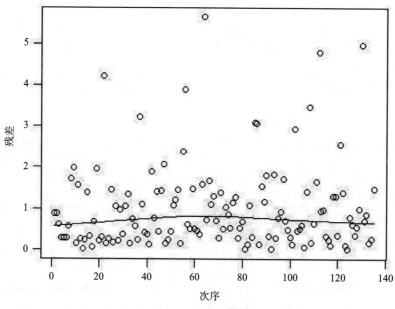

图 4 – 15　模型残差图

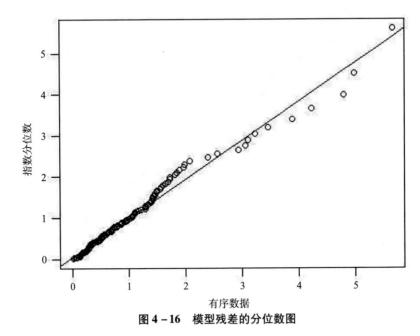

图 4 – 16　模型残差的分位数图

利用同样的方法对受灾面积的数据拟合情况进行诊断，如图 4 – 17 至图 4 – 21 所示，使用 GPD 分布拟合受灾面积数据的阈值超出量是合适的。

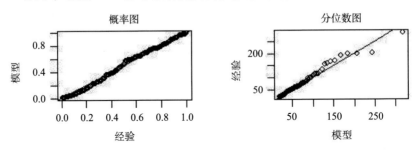

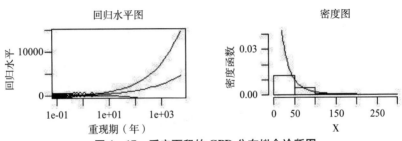

图 4 – 17　受灾面积的 GPD 分布拟合诊断图

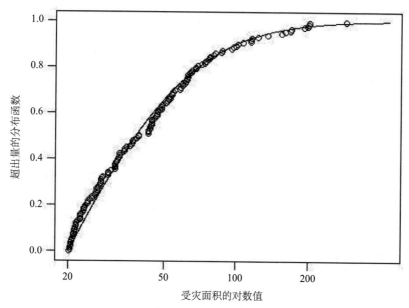

图 4 - 18　GPD 与超出分布拟合图

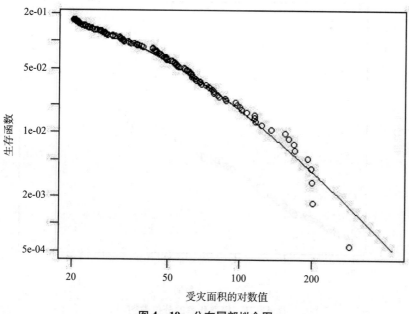

图 4 - 19　分布尾部拟合图

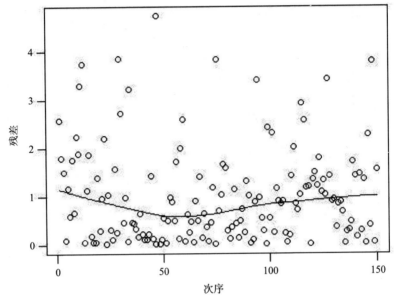

图 4 – 20　模型残差图

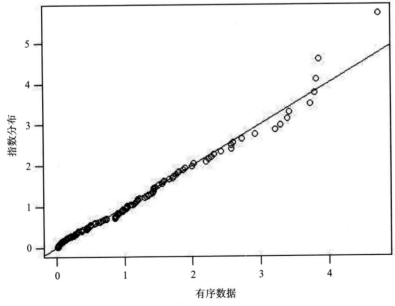

图 4 – 21　模型残差的分位数图

4.4.4　Copula 函数的参数估计与拟合检验

利用 Copula 函数计算巨灾债券价格，除了选择恰当的边缘分布拟合巨灾损失变量，还要选择合适的 Copula 函数对巨灾损失变量的相关特征进行刻画，进而得到巨灾损失变量的联合分布函数。

将 4.4.2 节得到的阈值以及估计出的参数值代入式（4 – 11）和式（4 – 12），经过概率积分变换得到 [0，1] 上的分布序列 $\{v_i，w_i\}$。再将序列 $\{v_i，w_i\}$ 作为 Copula 的观测值，对各 Copula 函数中的参数进行最大似然估计。由于不同的 Copula 函数具有不同的相关模式，如何选出最能刻画相关结构的 Copula 函数是非常重要的。为此，采用 KS 检验法和 AD 检验法对各 Copula 函数进行拟合优度检验。如表 4 – 4 所示，三种 Copula 函数都可以通过两种检验，并且 Gumbel Copula 函数的 P 值在两种检验法下都是最大的，因此用 Gumbel Copula 函数描述变量间相关关系比较合适。此外，再采用分位数图法，可以从图 4 – 22 直观看到 Gumbel Copula 拟合效果很好。通过 Gumbel Copula 函数的相依结构，可以得到损失变量 x 和 y 的联合分布函数：

$$F(x，y) = \exp\left(-\left[(-\ln F_X(x))^{1.2109} + (-\ln F_Y(y))^{1.2109}\right]^{1/1.2109}\right)$$

$$(4 – 13)$$

表 4 – 4　　　　　　　　Copula 函数的参数估计与 K-S 检验结果

检验模型	检验参数	Clayton Copula	Gumbel Copula	Frank Copula
检验指标	参数估计	0.2304	1.2109	1.7247
KS 检验	统计量值	0.0246	0.0136	0.0193
	P 值	0.6664	0.9970	0.9002
AD 检验	统计量值	0.2714	0.2202	0.2965
	P 值	0.9580	0.9839	0.9408

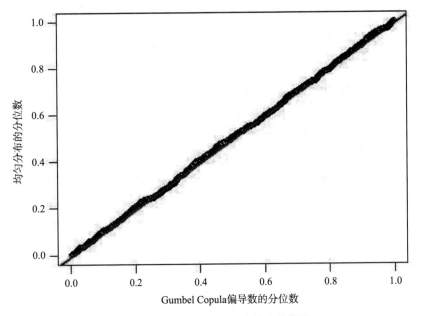

纵轴：均匀分布的分位数

横轴：Gumbel Copula偏导数的分位数

图 4 - 22   Gumbel Copula 的分位数图

4.4.5   双事件触发巨灾债券定价实例

以洪灾造成的经济损失（单位：百万美元）和受灾面积（单位：百平方千米）为标的，设计一款面值 F = 100，期限 T = 3 的零息票本金没收型巨灾债券。假定洪灾发生次数过程是参数 $\lambda = 3$ 的齐次 Poisson 过程；损失标的经济损失的触发值 K_1^X 为洪灾经济损失历史数据的75%分位点 q_1^X（即 $q_1^X =$ 310.1897）与 λ、T 的乘积，则 $K_1^X = 2791.708$；K_2^X 取历史数据的90%分位点 q_2^X（即 $q_2^X = 1252.988$）与 λ、T 的乘积，则 $K_2^X = 11276.894$；另外，由损失变量之间的相关关系可知，损失标的受灾面积的触发值 K^Y 的取值依赖于 K_1^X。事实上，由联合分布函数式（4 - 13）可推出已知经济损失变量 X = x 时的条件分布函数：

$$F(y|x) = \frac{exp(-A^{1/1.2109})A^{(1-1.2109)/1.2109}(-lnF_X(x))^{1.2109-1}}{F_X(x)}$$

其中，$A = (-lnF_X(x))^{1.2109} + (-lnF_Y(y))^{1.2109}$。置信水平取75%，则在 $x = q_1^x = 310.1897$ 的条件下，用数值法求解可得 $y = q^y = 16.4252$，故 $K^Y =$ 147.8268。

设 CIR 利率模型的参数 $r_0 = 0.03$，$\alpha = 0.4$，$\mu = 0.03$，$\sigma = 0.02$；市场风险参数 $\lambda_r = -0.01$。用蒙特卡洛方法模拟 10 万次后，得债券的价格为 78.7775。

4.4.6　参数敏感度分析

4.4.6.1　巨灾损失的 CVaR 敏感度分析

在已知损失变量 $Y = y$ 的条件下，考察不同置信水平时，关于损失变量 X 的 CVaR 取值，由前面得到的 Gumbel Copula 的条件分布函数：

$$F(x|y) = \frac{\exp(-A^{1/1.2109}) A^{(1-1.2109)/1.2109} (-\ln F_Y(y))^{1.2109-1}}{F_r(y)}$$

其中，$A = (-\ln F_X(x))^{1.2109} + (-\ln F_Y(y))^{1.2109}$。由于该条件分布函数的反函数无解析解，因此使用数值法求 CVaR，当受灾面积取历史数据的 75% 分位点（即 $y = 13.2476$）时，结果如表 4-5 所示。

表 4-5　　　　　　　$y = 13.2476$ 时，不同置信水平下的 CVaR 值

置信水平	75%	85%	90%	95%	99%
CVaR	395.8	875.1	1354.4	2679.5	10996.9

注：CVaR 单位为百万美元。

表 4-5 说明当受灾面积 $y = 13.2476$ 时，75% 的可能性认为发生一次洪灾的经济损失不超过 395.8 百万美元，90% 的可能性认为洪灾造成的经济损失不高于 1354.4 百万美元，而洪灾造成的一次经济损失不超过 10996.9 百万美元的概率是 99%。

为了对 CVaR 的变化情况有更直观的了解，将 CVaR 的值绘图。如图 4-23 所示，可以看出，随着置信水平的提高，CVaR 在开始阶段缓慢增长，但是随着置信水平的进一步提升，CVaR 呈现指数级增长，尤其在置信水平 0.97 附近，CVaR 出现跳跃，说明此时 CVaR 对置信水平的变化极为敏感。这是由于巨灾损失具有厚尾特征导致的，因此当置信水平很高时，即使很小的置信水平变化，也会使相应置信水平下的巨灾可能最大损失变化非常大。对于这个区间的巨额损失，保险公司的风险管理模式除了通过巨灾债券

进行市场转移，还可以通过成立巨灾保险基金等方式将巨灾风险转移到资本市场。

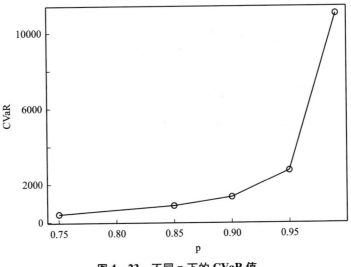

图 4 – 23　不同 p 下的 CVaR 值

考察不同条件 y 时，CVaR 的变化情况。当置信水平 p = 0.75，分别在 Copula 参数 θ = 1.2109 和 θ = 1.4109 的情况下，计算受灾面积 y = 8 ~ 20 范围内的 CVaR 取值。从图 4 – 24 可以看出，CVaR 随着 y 的增大而增大，并且 CVaR 和 y 表现出一定的线性关系。也就是说受灾面积越大，洪灾造成的经济损失也就越大，这与现实经验是相符的。另外，从图 4 – 24 还可以看到，相较于 θ = 1.2109，当 θ = 1.4109 时所对应的直线斜率更大，即变量间关系越紧密时，CVaR 关于 y 的变化越敏感。

采用与上面类似的方法，还可以考察在给定经济损失变量 X = x 的条件下，关于变量 Y 的 CVaR 敏感度分析。由于结果相似，这里不再列出。

4.4.6.2　巨灾债券价格的敏感度分析

如表 4 – 6 所示，当 K_1^X 的既定值较大时（即 q_1^X 取 75% 分位点），K^Y 的条件分位点取值要大于无条件分位点取值，所以前者的债券价格要高于后者。又因为较高的债券价格可以提高保险业的供给水平，从而提升巨灾保险的市场容量和分散巨灾风险的能力，并且无条件分位点取法忽略了 K^Y 对 K_1^X 的依赖性，所以条件分位点取法比无条件分位点取法不仅更优而且更合理。

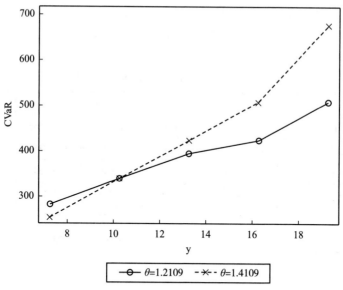

图 4 – 24　不同 y 下的 CVaR 值

表 4 – 6　　　$K_1^X = 2791.708$，$K_2^X = 11276.894$，$\theta = 1.2109$ 时债券价格

p	70%	75%	80%	85%	90%
$q^Y = F^{-1}(p \mid X = q_1^X)$	12.7732	16.4252	19.6022	26.0302	35.7962
$K^Y = q^Y \times \lambda \times T$	114.9588	147.8268	176.4198	234.2718	322.1658
债券价格	75.0351	78.7775	81.5553	85.7122	88.8097
$q^Y = F_Y^{-1}(p)$	10.9970	13.2476	17.5136	23.2908	33.9419
$K^Y = q^Y \times \lambda \times T$	98.9730	119.2284	157.6224	209.6172	305.4771
债券价格	73.0757	75.8656	79.8765	84.2243	88.3862

注：模拟次数为 10 万次。

由表 4 – 7 可知，当 K^Y 按无条件分位点取值时，参数 θ 的增大会引起债券价格的增加。究其原因，由 Kendall 秩相关系数 τ 与 Gumbel Copula 函数的参数 θ 的关系（$\tau = \theta/(\theta + 2)$）可知，正数 θ 的增大导致 τ 也取正数并且随之变大，这意味着两损失变量的正相关性增强，即两损失变量同时超过触发值的概率变小，从而导致巨灾债券价格增加。而当 K^Y 按条件分位点取值时，参数 θ 的增大不仅会使理赔概率变小，还会使 K^Y 的取值也随之增加，最终在两者的共同作用下债券价格的变化幅度要高于按无条件分位点取值的

情况。综合前面的分析结果可知触发值的高低是影响债券价格的重要因素。因此，触发值的合理取值对巨灾债券的价格有重要影响。

表 4 −7	$K_2^X = 11276.894$，p =75％时的债券价格				
θ	1.0109	1.2109	1.4109	1.6109	1.8109
$q^Y = F^{-1}(p \mid X = q_1^X)$	13.4922	16.4252	17.4992	17.7652	18.0482
$K^Y = q^Y \times \lambda \times T$	121.4298	147.8268	157.4928	159.8868	162.4338
债券价格	75.7699	78.7775	79.9058	80.0242	80.3474
$q^Y = F_Y^{-1}(p)$	13.2476	13.2476	13.2476	13.2476	13.2476
$K^Y = q^Y \times \lambda \times T$	119.2284	119.2284	119.2284	119.2284	119.2284
债券价格	75.4331	75.8656	75.8656	75.8656	75.8656

4.5　本　章　小　结

本章设计并阐述了双事件触发巨灾债券定价模型，将 Copula 函数与极值理论中的 POT 方法相结合，对巨灾债券定价进行了研究。在巨灾变量触发值的设定方面，本章考虑了变量间的相关关系，利用巨灾风险的 CVaR 值进行触发值的设定，通过实证分析表明，触发值的设定是影响债券价格的重要因素，较无条件分位点取法，K^Y 按条件分位点取值可以提高债券价格，增加债券的供给水平。因此，条件分位点取法比无条件分位点取法更合理，这也验证了引入 CVaR 的必要性。

另外，本章的定价模型既保留了以往双事件触发模型的优点，即具有低风险、高收益的特征；又进行了一定的改进，采用浮动的本金支付结构代替原有固定本金支付结构，这样可以降低道德风险，提高债券的吸引力。

第5章 基于藤 Copula 模型的多事件触发巨灾债券定价研究

前两章分别利用极值理论中的 POT 模型和二元阿基米德 Copula 函数探讨了单事件触发和双事件触发巨灾债券定价问题。为了满足市场的多样化需求，丰富债券的市场价格，本章将研究三个及三个以上事件触发巨灾债券定价问题。对于三个及三个以上变量间的相关关系刻画，通常可以采用藤 Copula 模型和常用多元 Copula 模型进行刻画。本章将分别采用这两种方法，估计巨灾损失的 CVaR 值，利用得到的结果，对多事件触发巨灾债券进行定价研究。

要准确估计 CVaR，首先要解决巨灾损失变量间联合分布的估计问题。自从施威泽等（Schweizer et al., 1983）提出了 Copula 这个名词后，Copula 函数就发展为描述变量间相关结构的重要建模工具，并在金融领域得到广泛应用（许启发等，2017；杨湘豫等，2018；于金明等，2023）。从已有文献来看，多元 Copula 函数的相关研究主要从多元高斯 Copula（周孝华等，2013）、多元 Student-t Copula（胡心瀚等，2010；赵喜仓等，2011）以及多元阿基米德 Copula（陆静和张佳，2013；余博等，2021）中进行选择。但是，它们在描述多变量的相关结构时都有一定的局限。其中，多元高斯 Copula 不适合描述尾部相关结构，多元 Student-t Copula 则不适合描述非对称的尾部相关结构，而多元阿基米德 Copula 虽能描述上尾或下尾相关性，但要求两两变量间的相关结构完全相同。因为现实中多变量之间的关系复杂，变量间的两两相关结构不可能完全一致，因此需要寻找一种更灵活的方法刻画多变量之间的相关结构。

藤 Copula 是由贝德福德和库克（Bedford and Cooke，2001，2002）等在乔依（Joe，1996）的研究基础上提出的一种构造复杂多元相关结构模型的新方法。它将多元联合密度函数分解为一系列 pair Copula 和边缘密度函数的乘积，解决了多个随机变量间的相依性，具有更强的灵活性和实用性。奥斯等（Aas et al.，2009）对 pair Copula 方法进行了进一步的系统研究，为藤Copula 的应用提供了理论基础。

近年来，藤 Copula 模型在金融领域得到了很好的应用（李磊等，2013；韩超和严太华，2017；何敏园和李红权，2020；马薇等，2021；彭选华，2023；吴菲和刘蒙蒙，2023）。然而，就笔者所知，目前还没有看到藤Copula 模型在巨灾风险领域的研究成果。本章的特色与创新之处如下。第一，首次将藤 Copula 应用到巨灾风险领域。利用藤 Copula 作为巨灾变量相关结构的描述，计算出 CVaR 值应用到触发值的设定中，并通过回测检验验证了藤 Copula 模型的优越性。另外，与李磊等（2013）用条件密度函数估计金融资产收益率的 CVaR 相比，本章通过条件分布函数来估计 CVaR 的方法，计算过程更为简洁。第二，由于 CVaR 是损失变量的条件分位数，忽略了超出该条件分位数的右尾信息。为此，本章创新性地定义了 CES 来弥补该不足。第三，以往文献多数是随意选择常用的多元 Copula 作为比较对象，而本章则采用核密度估计法选出最优的常用多元 Copula 进行比较，显然这样得出的比较结果更具说服力。第四，利用藤 Copula 计算出的 CVaR 值进行触发值的设定，从而研究多事件触发巨灾债券定价。最后，对本章建立的单双多事件触发巨灾债券进行比较分析。

5.1 藤 Copula 模型及其参数估计

考虑 n 维随机变量 $(X_1, X_2, \cdots, X_n)$，设 $F_{X_i}(x_i)$ 和 $f_{X_i}(x_i)$ 分别是 X_i 的边缘分布函数和边缘密度函数（$i = 1, 2, \cdots, n$），根据 Sklar 定理，$X_1, X_2, \cdots, X_n$ 的联合分布函数满足：

$$F(x_1, x_2, \cdots, x_n) = C(F_{X_1}(x_1), F_{X_2}(x_2), \cdots, F_{X_n}(x_n))$$

并且，若 $F_{X_i}(x_i)$（$i = 1, 2, \cdots, n$）都连续时，则 C 是唯一确定的。$X_1, X_2, \cdots, X_n$ 所对应的联合密度函数可表示如式（5-1）所示。

$$f(x_1, x_2, \cdots, x_n) = c(F_{X_1}(x_1), F_{X_2}(x_2), \cdots, F_{X_n}(x_n))$$
$$f_{X_1}(x_1) f_{X_2}(x_2) \cdots f_{X_n}(x_n) \qquad (5-1)$$

其中，c 表示 Copula 的密度函数。

5.1.1　藤 Copula 密度函数的分解

乔依等（Joe et al.，2010）提出多维随机变量的联合密度函数可以分解成一些 pair Copula 函数和边缘密度函数的乘积。藤 Copula 模型是将一种名为"藤"（vine）的图形建模工具与 pair Copula 结合起来研究的新方法。该方法将多维随机变量的联合密度函数分解成多个二维 Copula 函数的联合密度函数和单变量的边缘密度函数的乘积，这一方法可以实现高维变量的降维。为更好地理解这种分解过程，下面以三维随机变量为例。

假设（X_1，X_3，X_3）是三维随机变量，由条件概率公式和式（5-1），则联合密度函数可以分解为：

$$f(x_1,\ x_2,\ x_3)=f_{X_1}(x_1)f(x_2\,|\,x_1)f(x_3\,|\,x_1,\ x_2) \qquad (5-2)$$

其中，

$$f(x_2\,|\,x_1)=f(x_1,\ x_2)/f_{X_1}(x_1)=c_{12}(F(x_1),\ F(x_2))f_{X_2}(x_2) \quad (5-3)$$

$$\begin{aligned}
f(x_3\,|\,x_1,\ x_2)&=f(x_2,\ x_3\,|\,x_1)/f(x_2\,|\,x_1)\\
&=c_{23\,|\,1}(F_{2\,|\,1}(x_2\,|\,x_1),\ F_{3\,|\,1}(x_3\,|\,x_1))f(x_3\,|\,x_1)\\
&=c_{23\,|\,1}(F_{2\,|\,1}(x_2\,|\,x_1),\ F_{3\,|\,1}(x_3\,|\,x_1))c_{13}(F_{X_1}(x_1),\\
&\quad F_{X_3}(x_3))f_{X_3}(x_3) \qquad (5-4)
\end{aligned}$$

由式（5-2）、式（5-3）和式（5-4），可以得到联合密度函数为：

$$\begin{aligned}
f(x_1,\ x_2,\ x_3)&=c_{12}(F_{X_1}(x_1),\ F_{X_2}(x_2))\cdot c_{13}(F_{X_1}(x_1),\ F_{X_3}(x_3))\\
&\quad c_{23\,|\,1}(F_{2\,|\,1}(x_2\,|\,x_1),\ F_{3\,|\,1}(x_3\,|\,x_1))f_{X_1}(x_1)f_{X_2}(x_2)f_{X_3}(x_3)
\end{aligned}$$

其中，$F_{i\,|\,j}(\cdot\,|\,\cdot)$ 表示条件分布函数；$c_{ij}(\cdot,\ \cdot)$ 和 $c_{i\,|\,j}(\cdot\,|\,\cdot)$ 就是 pair Copula，分别表示 Copula 密度函数和条件 Copula 密度函数。通过这个例子，可以看出，藤 Copula 可以把 n 维随机变量分解为 $n(n-1)/2$ 个 pair Copula。采用 pair Copula 方法可以将一个三维的随机变量分解为二维 Copula 和边缘分布密度的函数乘积，从而实现降维。

5.1.2　藤结构理论

事实上，在运用 pair Copula 对多维随机变量的联合密度函数进行分解时，存在多种逻辑结构。对于采用哪种逻辑结构进行分解，贝德福德和库克提出了一种称为"藤"的图形来描述分解时的逻辑结构。藤（Vine）图形是一种通过树、枝和节点来描述结构特征的图形工具。藤 Copula 主要有两种规则藤结构，即 C 藤和 D 藤，这两种结构也是当前研究中使用最广泛的结构。C 藤的结构图形呈星状，即一个中心点与其他节点相连，而 D 藤则呈现线状，即每个节点之间的连接点都不多于两个。为简单起见，仅以五维的 C 藤和 D 藤的分解结构为例进行说明，C 藤和 D 藤的分解结构如图 5 - 1 和图 5 - 2 所示。

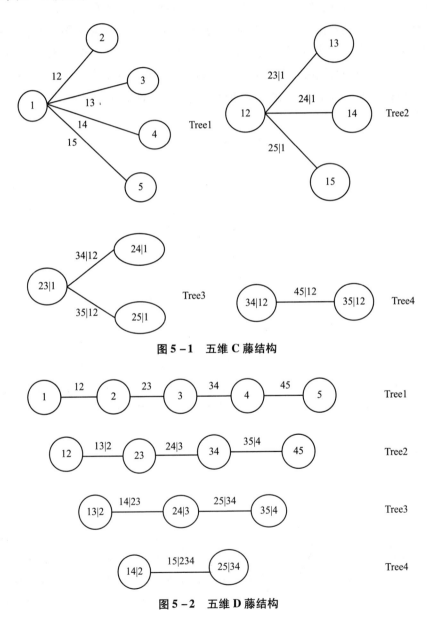

图 5 - 1　五维 C 藤结构

图 5 - 2　五维 D 藤结构

在图 5 - 2 中共有 4 棵树 T_i，$i = 1$，2，3，4，树 T_i 有 $6 - i$ 个节点和 $5 - i$ 条边。边上的数字代表配对变量（如 12、23 等）或条件配对变量（如 13 | 2、24 | 3 等）。该结构下的五元联合密度可以表示为：

$$f(x_1, x_2, x_3, x_4, x_5) = \prod_{i=1}^{5} f_{X_i}(x_i) \prod_{j=1}^{4} \prod_{i=1}^{5-j} C_{i, i+j \mid i+1, \cdots, i+j-1}$$
$$(F_{i \mid i+1, \cdots, i+j-1}, F_{i+j \mid i+1, \cdots, i+j-1})$$

其中，$F_{i \mid i+1, \cdots, i+j-1}$ 表示条件分布函数 $F(x_i \mid x_{i+1}, \cdots, x_{i+j-1})$，其他的表示与此类似。从图 5 - 1 和图 5 - 2 可以看出，C 藤和 D 藤 Copula 的逻辑结构不一样，因此在描述变量间的相关关系时，藤 Copula 类型的选择很重要。一般来说，可以通过 AIC 和 BIC 两个指标判断哪种 Copula 更适合。如果 AIC 和 BIC 的值越小，则代表描述效果越好。

5.1.3　藤 Copula 的参数估计

奥斯（Aas，2009）给出了藤 Copula 参数的最大似然估计法。在对整个藤结构进行最大似然估计之前，先采用序列似然估计法逐步估计每棵树中 pair Copula 的参数。现以五维 D 藤 Copula 的参数估计为例。

5.1.3.1　藤 Copula 的序列似然估计法

序列似然估计法是逐步采用最大似然估计法来估计每个 pair Copula 的参数，具体步骤如下：

步骤 1：利用样本数据选出树 T_1 的合适的 pair Copula 并估计这些 pair Copula 密度函数参数的最大似然估计值；

步骤 2：利用步骤 1 得到的参数估计值和条件分布函数，转换得到计算树 T_2 所需的样本观察值；

步骤 3：分析由步骤 2 所得到的树 T_2 的样本观察值，选择合适的 pair Copula，并采用最大似然估计法估计选出的这些 pair Copula 的参数值；

步骤 4：利用步骤 3 得到的参数估计值和条件分布函数，转换得到计算树 T_3 所需的样本观察值；

步骤 5：分析由步骤 4 所得到的树 T_3 的样本观察值，选择合适的 pair Copula，并采用最大似然估计法估计选出的这些 pair Copula 的参数值；

步骤 6：重复以上步骤直到所有相对的 pair Copula 参数的最大似然估计

值全部估计完成。

5.1.3.2　藤 Copula 的最大似然估计法

假设 $(x_{1,t}, x_{2,t}, \cdots, x_{n,t})$，$t = 1, 2, \cdots, T$，$T$ 是在 T 个时间点上观察到的数据集。于是，D 藤的对数似然函数为：

$$\sum_{j=1}^{n-1} \sum_{i=1}^{n-j} \sum_{t=1}^{T} \ln\{c_{i,i+j\mid i+1,\cdots,i+j-1}(F(x_{i,t}\mid x_{i+1,t},\cdots,x_{i+j-1,t}),$$
$$F(x_{i+j,t}\mid x_{i+1,t},\cdots,x_{i+j-1,t}))\}$$

上式中的每个 pair Copula 按序列似然估计法中所选出的给定，其中每个 pair Copula 都至少有一个参数需要估计。再用序列似然估计法所得到的参数估计值作为初始值，使用数值法求解上式对数似然函数的最大值，得到所有参数的最大似然估计值。

5.2　基于藤 Copula 和常用多元 Copula 的 CVaR 和 CES 估计

在本章中，VaR 仍是指在给定置信水平下，巨灾事件所造成的损失变量可能的最大损失。假设 X 是巨灾经济损失变量，Y_1，Y_2，$\cdots$，Y_n 是巨灾损失变量中其他能够影响经济损失的因素。

根据 VaR 的定义，置信水平为 p 的 VaR 为：

$$VaR^p = \inf\{l \in R : P(X > l) \leqslant p\}$$

假设 X 在 Y_i 条件下的分布函数为 $F(\cdot\mid Y_1 = y_1, Y_2 = y_2, \cdots, Y_n = y_n)$，则条件 VaR 可定义如下：

$$CVaR^p = F^{-1}(p\mid Y_1 = y_1, Y_2 = y_2, \cdots, Y_n = y_n)$$

其中，$F^{-1}(\cdot\mid Y_1 = y_1, Y_2 = y_2, \cdots, Y_n = y_n)$ 是 $F(\cdot\mid Y_1 = y_1, Y_2 = y_2, \cdots, Y_n = y_n)$ 的反函数。

CVaR 是在给定 $Y_i(i = 1, 2, \cdots, n)$ 条件下损失变量 X 的条件分位数，忽略了超出该分位数的右尾信息。为了对右尾风险进行有效刻画，本章用 CES 表示在已知 $Y_i(i = 1, 2, \cdots, n)$ 及 X 超过某个给定 CVaR 条件下的期望损失：

$$CES^p = E(X \mid X > CVaR^p, \ Y_1 = y_1, \ Y_2 = y_2, \ \cdots, \ Y_n = y_n)$$

5.2.1 基于藤 Copula 模型的 CVaR 计算

本章基于藤 Copula 描述 $n+1$ 个巨灾损失变量间的相关结构，再由条件分布函数估计 CVaR。在巨灾损失变量中，往往无法确定哪个变量起主导作用，但变量间的秩相关强弱排序是客观的，因此采用 D 藤 Copula 更适合。其条件分布函数可以通过乔依（Joe，1993）给出的公式得到：

$$F(x \mid y_1, \ y_2, \ \cdots, \ y_n) = \frac{\partial C_{xy_j \mid y_{-j}}(F(x \mid y_{-j}), \ F(y_j \mid y_{-j}))}{\partial F(y_j \mid y_{-j})},$$

$$(5-5)$$

其中，y_j 代表向量 y 中第 j 个元素，y_{-j} 代表从向量 y 中去除第 j 个元素 y_j。特别地，当 $n=2$ 时，

$$F(x \mid y_1, \ y_2) = \frac{\partial C_{xy_1 \mid y_2}(F(x \mid y_2), \ F(y_1 \mid y_2))}{\partial F(y_1 \mid y_2)}, \qquad (5-6)$$

其中，$F(x \mid y_2) = \dfrac{\partial C_{xy_2}(F(x), \ F(y_2))}{\partial F(y_2)}$，$F(y_1 \mid y_2) = \dfrac{\partial C_{y_1 y_2}(F(y_1), \ F(y_2))}{\partial F(y_2)}$。

由于条件分布函数的反函数很难求出，从而无法给出 CVaR 的解析解，但可以通过数值法得到 CVaR，具体做法如下：记变量 X 的历史数据最小值为 X_{min}，最大值为 X_{max}；取足够大的正整数 N，将区间 $[X_{min}, X_{max}]$ 分为 N 个小区间，得到 $N+1$ 个分点 $x_{(0)}, \ x_{(1)}, \ \cdots, \ x_{(N)}$，再利用式（5-5）就可以得到条件分布函数在各分点处的值，最后根据下式计算。

$$CVaR^p = \underset{x_{(j)}}{argmin}\{\mid F(x_{(j)} \mid y_1, \ y_2, \ \cdots, \ y_n) - p \mid\}, \ (j = 0, \ 1, \ \cdots, \ N)$$

5.2.2 基于多元 Copula 模型的 CVaR 计算

通过简单推导后可知，常用多元 Copula 的条件分布函数可以按照如下公式进行计算：

$$F(x \mid y_1, \ y_2, \ \cdots, \ y_n) = \frac{\partial^n F(x, \ y_1, \ y_2, \ \cdots, \ y_n)}{\partial y_1 \partial y_2 \cdots \partial y_n} \Big/ \frac{\partial^n F(+\infty, \ y_1, \ y_2, \ \cdots, \ y_n)}{\partial y_1 \partial y_2 \cdots \partial y_n}$$

$$(5-7)$$

以多元 Gumbel Copula 为例，当 n = 2 时，联合分布函数为：

$$F(x, y_1, y_2) = \exp(-((-\ln x)^\theta + (-\ln y_1)^\theta + (-\ln y_2)^\theta)^{1/\theta})$$

则其条件分布函数：

$$F(x \mid y_1, y_2) = \frac{\partial^2 F(x, y_1, y_2)}{\partial y_1 \partial y_2} \Big/ \frac{\partial^2 F(+\infty, y_1, y_2)}{\partial y_1 \partial y_2}$$

$$= \frac{\exp(-\varphi^{1/\theta})(\varphi^{1/\theta} - (1-\theta))\varphi^{1/\theta-2}}{\exp(-\psi^{1/\theta})(\psi^{1/\theta} - (1-\theta))\psi^{1/\theta-2}} \tag{5-8}$$

其中，

$$\varphi = \varphi(x, y_1, y_2; \theta) = ((-\ln F_X(x))^\theta + (-\ln F_{Y_1}(y_1))^\theta + (-\ln F_{Y_2}(y_2))^\theta),$$

$$\psi = \psi(y_1, y_2; \theta) = ((-\ln F_{Y_1}(y_1))^\theta + (-\ln F_{Y_2}(y_2))^\theta)$$

其他多元 Copula 的条件分布函数计算过程类似，这里不再给出。常用多元 Copula 的 CVaR 也存在无法给出解析解的问题，但仍可通过前述数值法进行计算。

5.2.3　基于藤 Copula 模型与常用多元 Copula 模型的 CES 计算

利用式（5-5）或式（5-7）可通过如下方法计算 CES：

$$CES^p = CVaR^p + E(X - CVaR^p \mid X > CVaR^p, Y_1 = y_1, Y_2 = y_2, \cdots, Y_n = y_n)$$

$$= CVaR^p + \frac{1}{1-p} \int_{CVaR^p}^{+\infty} (x - CVaR^p) d(F(x \mid y_1, y_2, \cdots, y_n))$$

根据历史模拟法，可以用变量 X 历史数据的最大值 X_{max} 作为上述积分的积分上限，再取充分大的正整数 N，把区间 $[CVaR^p, X_{max}]$ 分成 N 个小区间，步长为 $h = (M - CVaR^p)/N$，则上述积分可用如下求和式进行近似：

$$\int_{CVaR^p}^{M} (x - CVaR^p) d(F(x \mid y_1, y_2, \cdots, y_n))$$

$$\approx \sum_{i=1}^{N} [(CVaR^p + h \cdot i) - CVaR^p] \times [F(CVaR^p + h \cdot i \mid y_1, y_2, \cdots, y_n)$$

$$- F(CVaR^p + h \cdot (i-1) \mid y_1, y_2, \cdots, y_n)]$$

5.2.4　基于藤 Copula 模型与常用多元 Copula 模型的评价标准

为了比较不同 Copula 方法的 CVaR 估计效果，本章仍采用库皮耶克（1995）提出的似然比检验法。假设所估计 CVaR 的置信水平为 p，实际考察次数为 T，失败次数为 N，则真实失败比率为 N/T。一个准确性的 CVaR 模型的失败比率不应该显著不同于 $\alpha = 1 - p$，即原假设为 H_0：$N/T = \alpha$。则似然比检验的统计量为：

$$LR = -2\ln\left[(1-\alpha)^{T-N}\alpha^N\right] + 2\ln\left[(1-N/T)^{T-N}(N/T)^N\right] \sim \chi^2(1)$$

为了对 CES 估计结果的准确性和有效性进行检验，本章采用布雷赫特等（Embrechts et al., 2001）提出的 D(p) 评价：

$$D(p) = (\,|D_1(p)| + |D_2(p)|\,)/2,$$

其中，$D_1(p) = \dfrac{1}{\kappa(p)}\sum_{i \in \sigma(p)} \delta_i(p)$，$D_2(p) = \dfrac{1}{\mu(p)}\sum_{i \in \tau(p)} \delta_i(p)$，$\delta_i(p) = y_i - CES_i^p$，$\kappa(p)$ 是经济损失超过 CVaR 的次数，$\sigma(p)$ 指经济损失超过 CVaR 的事件集合，$\mu(p)$ 代表 $\delta(p)$ 大于它的 p 分位数的次数，$\tau(p)$ 是 $\delta(p)$ 大于它 p 分位数的事件集合。

$D_1(p)$ 是 CES 标准的回验方法，它的缺点在于过分依赖 CVaR 的估计值，而不能充分反映 CVaR 值的准确与否，所以这里引入 $D_2(p)$ 作为惩罚函数，一个良好的 CES 估计值应有较低的 D(p)。

5.3　基于藤 Copula 模型的多事件
触发巨灾债券定价

5.3.1　朗斯塔夫利率模型

朗斯塔夫（Longstaff, 1989）利率不仅避免了 Vasicek 利率出现负利率的可能性，还比 CIR 利率有更多的解释因子，更能刻画现实市场中利率的动态过程。鉴于此，本章将利用朗斯塔夫利率模型作为定价模型的利率结构，该利率模型如下：

$$dr(t) = \alpha(\mu - \sqrt{r(t)})dt + \sigma\sqrt{r(t)}dB(t)$$

其中，α，σ 均是正常数，并且 $\mu = \dfrac{\sigma^2}{4\alpha}$，因此 μ 的值依赖于 α 和 σ，更多的关于该利率模型参数的解释可见朗斯塔夫的文献。

根据朗斯塔夫的相关结论，在风险中性测度 Q 下，期限为 T，面值为 1 的零息巨灾债券在 $t = 0$ 时刻的价格 $P(0, T)$ 可写成如下形式：

$$P(0, T) = E^Q\big[\exp(-\int_0^T r(t)dt) \,|\, r(0) = r_0\big]$$

$$= C(T)\exp(B(T)r_0 + D(T)\sqrt{r_0}) \qquad (5-9)$$

其中，$C(T) = \left(\dfrac{1 - c_0}{1 - c_0 e^{\gamma T}}\right)^{1/2} \exp\left(c_1 + c_2 T + \dfrac{c_3 + c_4 e^{\gamma T/2}}{1 - c_0 e^{\gamma T}}\right)^{2\alpha * \mu/\sigma^2}$，$B(T) = \dfrac{2\lambda_r - \gamma}{\sigma^2} + \dfrac{2\gamma}{\sigma^2(1 - c_0 e^{\gamma T})}$，$D(T) = \dfrac{2\alpha(2\lambda_r + \gamma)(1 - e^{\gamma T/2})^2}{\gamma\sigma^2(1 - c_0 e^{\gamma T})}$，$\gamma = \sqrt{4\lambda_r^2 + 2\sigma^2}$，$c_0 = \dfrac{2\lambda_r + \gamma}{2\lambda_r - \gamma}$，$c_1 = \dfrac{-\alpha^2(4\lambda_r + \gamma)(2\lambda_r - \gamma)}{\gamma^3\sigma^2}$，$c_2 = \dfrac{2\lambda_r + \gamma}{4} - \dfrac{\alpha^2}{\gamma^2}$，$c_3 = \dfrac{4\alpha^2(2\lambda_r^2 - \sigma^2)}{\gamma^3\sigma^2}$，$c_4 = \dfrac{-8\lambda_r\alpha^2(2\lambda + \gamma)}{\gamma^3\sigma^2}$，$\lambda_r$ 是利率风险的市场价格参数，通常是个常数。

5.3.2　多事件触发巨灾债券定价模型

本章的多事件触发巨灾债券模型是上一章的延伸，由于巨灾债券市场是一个不完全市场，其定价时需要满足一些假设前提，假设如下。

假设 5 - 1：定价方法遵循莫顿测度。该测度理论假设巨灾风险可以分散，认为是非系统性风险。假定小范围发生的巨灾风险对整个经济只有部分影响，投资者的期望收益等于无风险利率。

假设 5 - 2：在风险中性定价方法下，仅依赖于巨灾风险的变量和仅依赖于金融变量的事件相互独立，巨灾的累积损失过程在从实际概率测度 P 转变为风险中性测度 Q 的过程中依然保持最初的结构。

设 X_i 和 $Y_{1,i}$，$Y_{2,i}(i = 1, 2, 3, \cdots, n)$ 是第 i 次巨灾的 3 个损失指标，X 和 Y_1，Y_2 之间的相关关系由藤 Copula 来刻画；巨灾发生次数过程 $\{N(t), t \geq 0\}$ 是参数为 λ 的齐次泊松过程，与 X，Y_1，Y_2 相互独立；L_T^X，

$L_T^{Y_1}$ 和 $L_T^{Y_2}$ 分别表示到期 T 为止的巨灾损失 X，Y_1 和 Y_2 的累积总额，即

$$L_T^X = \sum_{i=1}^{N(T)} X_i, \quad L_T^{Y_1} = \sum_{i=1}^{N(T)} Y_{1,i}, \quad L_T^{Y_2} = \sum_{i=1}^{N(T)} Y_{2,i}。$$

　　本章考虑的是面值为 F，期限为 T 的零息票本金没收型巨灾债券。当到期 T 为止的损失总额 L_T^X 小于触发值 K_1^X，或 $L_T^{Y_1}$ 小于触发值 K^{Y_1}，又或 $L_T^{Y_2}$ 小于触发值 K^{Y_2} 时，本金 F 的损失为 0；当 L_T^X 大于 K_1^X，同时 $L_T^{Y_1}$ 和 $L_T^{Y_2}$ 分别大于 K^{Y_1} 和 K^{Y_2} 时，随着 L_T^X 的增大，本金损失也逐渐增大，并且当 L_T^X 超过 K_2^X 时，本金全部损失。也就是说，只有当三个事件都触发时，本金才会开始损失，具体支付结构如式（5-10）所示。

$$P_{cat}(T) = \begin{cases} F, & L_T^X \leqslant K_1^X \text{ 或 } L_T^{Y_1} \leqslant K^{Y_1} \text{ 或 } L_T^{Y_2} \leqslant K^{Y_2} \\[2mm] \dfrac{K_2^X - L_T^X}{K_2^X - K_1^X} \times F, & K_1^X < L_T^X \leqslant K_2^X, \ L_T^{Y_1} < K^{Y_1}, \ L_T^{Y_2} < K^{Y_2} \\[2mm] 0, & K_1^X < L_T^X, \ L_T^{Y_1} < K^{Y_1}, \ L_T^{Y_2} < K^{Y_2} \end{cases}$$

$$(5-10)$$

　　因为在风险中性测度 Q 下，仅依赖金融变量的事件与仅依赖巨灾风险的变量相互独立，所以巨灾债券的价格 V 为：

$$V = E^Q\left[e^{-\int_0^t r(s)ds} P_{cat}(T) \right] = E^Q\left[e^{-\int_0^t r(s)ds} \right] \times E^Q\left[P_{cat}(T) \right]$$

　　又因为累积损失过程从客观概率变为风险中性测度的过程中依然保持最初的结构特征，所以由式（5-9）有：

$$V = E^Q\left[e^{-\int_0^t r(s)ds} \right] \times E^Q\left[P_{cat}(T) \right]$$

$$= C(T)\exp\left(B(T)r_0 + D(T)\sqrt{r_0} \right) \times E\left[P_{cat}(T) \right] \quad (5-11)$$

其中，$C(T) = \left(\dfrac{1-c_0}{1-c_0 e^{\gamma T}} \right)^{1/2} \exp\left(c_1 + c_2 T + \dfrac{c_3 + c_4 e^{\gamma T/2}}{1-c_0 e^{\gamma T}} \right)^{2\alpha * \mu/\sigma^2}$，$B(T) = \dfrac{2\lambda_r - \gamma}{\sigma^2} + \dfrac{2\gamma}{\sigma^2(1-c_0 e^{\gamma T})}$，$D(T) = \dfrac{2\alpha(2\lambda_r + \gamma)(1-e^{\gamma T/2})^2}{\gamma\sigma^2(1-c_0 e^{\gamma T})}$，$\gamma = \sqrt{4\lambda_r^2 + 2\sigma^2}$，$c_0 = \dfrac{2\lambda_r + \gamma}{2\lambda_r - \gamma}$，$c_1 = \dfrac{-\alpha^2(4\lambda_r + \gamma)(2\lambda_r - \gamma)}{\gamma^3\sigma^2}$，$c_2 = \dfrac{2\lambda_r + \gamma}{4} - \dfrac{\alpha^2}{\gamma^2}$，$c_3 = \dfrac{4\alpha^2(2\lambda_r^2 - \sigma^2)}{\gamma^3\sigma^2}$，$c_4 = \dfrac{-8\lambda_r\alpha^2(2\lambda + \gamma)}{\gamma^3\sigma^2}$，$\lambda_r$ 是利率风险的市场价格参数，通常是个常数。

5.3.3　债券价格的蒙特卡洛模拟

由于在式（5－11）中，$E[P_{cat}(T)]$ 不存在解析解，因此运用蒙特卡洛模拟方法求其数值解，具体步骤如下。

步骤 1：根据巨灾次数过程 $\{N(t), t \geq 0\}$ 是参数为 λ 的齐次泊松过程，产生 1 个随机数 M，确定 T 年内的巨灾总发生次数。

步骤 2：利用由损失变量 X 和 Y_1，Y_2 的相关关系拟合的藤 Copula 产生 M 对随机数 (u_i, v_i, w_i)，$i = 1, 2, \cdots, M$。

步骤 3：利用拟合的损失变量 X，Y_1 和 Y_2 的边缘分布函数 $F_X(x)$，$F_{Y_1}(y_1)$ 和 $F_{Y_2}(y_2)$，通过求分布函数的反函数，得到 M 对巨灾损失随机数 $(x_i, y_{1,i}, y_{2,i})$，$i = 1, 2, \cdots, M$，其中 $x_i = F_X^{-1}(u_i)$，$y_{1,i} = F_{Y_1}^{-1}(v_i)$，$y_{2,i} = F_{Y_2}^{-1}(w_i)$；再分别计算 T 期内的损失总额 L_T^X，$L_T^{Y_1}$ 和 $L_T^{Y_2}$，即 $L_T^X = \sum_1^M x_i$，$L_T^{Y_1} = \sum_{i=1}^M y_{1,i}$，$L_T^{Y_2} = \sum_{i=1}^M y_{2,i}$。

步骤 4：将 L_T^X，$L_T^{Y_1}$ 和 $L_T^{Y_2}$ 代入式（5－10）中，计算 $P_{cat}(T)$。

步骤 5：重复步骤 1 到步骤 4 多次（如 10 万次），就可以用其算术平均值估计 $E[P_{cat}(T)]$。

步骤 6：将 $E[P_{cat}(T)]$ 的估计值代入式（5－11），即可得到巨灾债券价格 V。

5.4　实证分析

5.4.1　数据选择与处理

由第 4 章的讨论可知，对该数据进行对数化处理后，数据的厚尾性不强。此时，有两种处理方法，一种是采用对数化前的数据，运用 POT 模型进行拟合；另一种是运用经验分布函数或常用损失分布来拟合对数化后的数据。第 4 章采用的是第一种处理方法，本章拟采用第二种方法来处理，即采用经验分布函数拟合对数化后的数据。

为了对 CVaR 和 CES 估计效果进行检验，将 1985 年 1 月 1 日～2001 年 12 月 31 日共 571 个数据作为样本内数据，2002 年 1 月 1 日之后剩余的 301 个数据作为样本外数据。样本内的数据用于估计模型参数，样本外的数据用于检验 CVaR 和 CES 估计的准确性。

5.4.2　参数估计

在估计 Copula 参数前需要得到损失变量的边缘分布。为了避免对边缘分布的错误设定，采用经验分布估计 X，Y_1，Y_2 的边缘分布。然后，分别用序列似然估计法和最大似然估计法估计藤 Copula 的参数，结果如表 5 – 1 所示。在表中，1 代表受灾面积，2 是持续天数，3 是经济损失。从表 5 – 1 可以看出，两种方法的估计结果非常接近。但最大似然估计法的 AIC 和 BIC 较小，所以选最大似然估计法的参数估计值更为合适。

表 5 – 1　　　　　　　巨灾损失的藤 Copula 函数的参数估计

估计方法	序列似然估计			最大似然估计		
参数	Gaussian（12）	BB8（23）	BB8（13｜2）	Gaussian（12）	BB8（23）	BB8（13｜2）
参数 1	0.5064	1.4705	1.355	0.5020	1.4831	1.3590
参数 2	—	0.9025	0.9455	—	0.8853	0.9452
AIC	– 211.962			– 212.0661		
BIC	– 190.225			– 190.3292		

接下来，先使用半参数估计法估计常用多元 Copula 的参数，结果如表 5 – 2 所示；再利用第 4.1.4 节提到的非参数核密度估计检验法从常用多元 Copula 中选出最优 Copula 作为比较对象。根据该检验法，最小的欧式距离 d 所对应的 Copula 函数即为最优的 Copula 函数。从表 5 – 2 可知，Gumbel Copula 是常用多元 Copula 中对损失变量间相关结构的最佳刻画。

表 5 – 2　　　　　　　　　　　核密度估计检验结果

Copula 类型	Clayton	Gumbel	Frank	Gaussian	Student t
参数估计	$\theta = 0.3144$	$\theta = 1.2323$	$\theta = 1.8284$	$\rho_1 = 0.5296$ $\rho_2 = 0.2423$ $\rho_3 = 0.1827$	$\rho_1 = 0.5279$ $\rho_2 = 0.2451$ $\rho_3 = 0.1855$ $k = 63.3893$
d 值	0.4505	0.2919	0.2975	0.3544	0.3565

5.4.3　巨灾风险的 CVaR 和 CES 估计结果

以 5.4.2 节最大似然估计法给出的参数估计结果为基础，估计样本外 301 个数据的 CVaR 和 CES。如表 5 – 3 所示。

表 5 – 3　　　　　　　　　不同 Copula 模型的估计效果

指标	Copula 类型	95%	97%	99%
失败次数	D-vine	11 (15.05)	7 (9.03)	3 (3.01)
	Gumbel Copula	11 (15.05)	8 (9.03)	3 (3.01)
LR 值	D-vine	1.2605	0.5091	0.0000
	Gumbel Copula	1.2605	0.1258	0.0000
P 值	D-vine	0.2616	0.4755	0.9954
	Gumbel Copula	0.2616	0.7228	0.9954
D(p) 值	D-vine	1.0220	0.8049	0.4851
	Gumbel Copula	1.2083	1.0419	0.6069

注：表格中括号内是期望失败次数。

（1）从 CVaR 看：一方面，两种方法估计的 CVaR 在三个置信水平下都通过了似然比检验，表明藤 Copula 和 Gumbel Copula 都能提供准确的估计结果；另一方面，又因为藤 Copula 和 Gumbel Copula 的 LR 统计量的 P 值无显著差异，所以无法据此分辨方法的优劣。

（2）从 CES 看：藤 Copula 模型在三个置信水平下都具有最小的 D(p) 值。这说明藤 Copula 模型对巨灾极端尾部风险的估计更准确。

综上可知，藤 Copula 模型不仅在三个置信水平下均能提供准确的 CVaR

估计结果，而且在 CES 估计方面要显著优于 Gumbel Copula 方法。

为了更直观清晰地展示模型的估计效果，给出了连续 100 次洪灾事件的 CVaR 和 CES 与实际经济损失的比较图，如图 5 - 3 所示。从图 5 - 3 可以看到，模型的 CVaR 和 CES 的估计效果均符合预期。

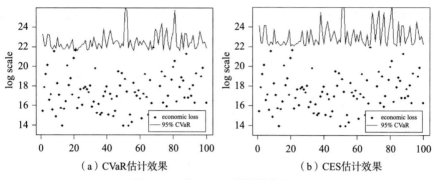

（a）CVaR估计效果　　　　　　（b）CES估计效果

图 5 - 3　藤 Copula 的估计效果图

5.4.4　多事件触发巨灾债券定价实例

为了简化运算，定价模型的数据采用样本内的数据。以洪灾造成的经济损失（单位：百万美元）、受灾面积（单位：百平方千米）和持续天数（单位：天）为标的，设计一款面值 F = 100，期限 T = 3 的零息票本金没收型巨灾债券。假定洪灾发生次数过程是参数 $\lambda = 3$ 的齐次泊松分布；损失标的经济损失的触发值 K_1^X 为洪灾经济损失样本内历史数据的 75% 分位点 q_1^X（即 $q_1^X = 337.7536$）与 λ、T 的乘积，则 $K_1^X = 3039.7828$；K_2^X 取样本内历史数据的 90% 分位点 q_2^X（即 $q_2^X = 1387.1778$）与 λ、T 的乘积，则 $K_2^X = 12484.6008$。接下来，先给出当经济损失变量 X 的触发值为 K_1^X 时，损失变量 Y_2 的触发值 K^{Y_2}，再给出 Y_1 的触发值 K^{Y_1}。利用第 5.5.2 节参数估计的结果，由损失变量 X 和 Y_2 之间的 pair Copula 函数（即 BB8 Copula），置信水平取 75%，则在 $x = q_1^X = 337.7536$ 的条件下，可以通过 R 软件编程，用数值法求解 BB8 Copula 函数的条件分布函数，取整后可得 $y_2 = q^{Y_2} = 16$，故相应的 $K^{Y_2} = 144$。然后，再利用 X，Y_1 和 Y_2 之间藤 Copula 结构的参数估计结果，由已知 X = x 且 $Y_2 = y_2$ 时的条件分布函数：

$$F(y_1 \mid x, y_2) = \frac{\partial C_{xy_1 \mid y_2}(F(y_1 \mid y_2), F(x \mid y_2))}{\partial F(x \mid y_2)}$$

置信水平取 75%，则在 $x = q_1^X = 337.7536$，$y_2 = q^{Y_2} = 16$ 的条件下，用数值法求解可得 $y_1 = q^{Y_1} = 23.3579$，故相应的 $K^{Y_1} = 210.2210$。

另外，设朗斯塔夫利率模型的参数 $r_0 = 0.03$，$\alpha = 0.4$，$\sigma = 0.02$；市场风险参数 $\lambda_r = -0.01$。根据变量间的藤 Copula 结构，用蒙特卡洛方法进行模拟，图 5 - 4 和图 5 - 5 分别是随机生成的 100 次和 1000 次经济损失（x），受灾面积（y_1）和持续天数（y_2）数据点的绘图。模拟 10 万次后，得债券的价格为 82.8034。

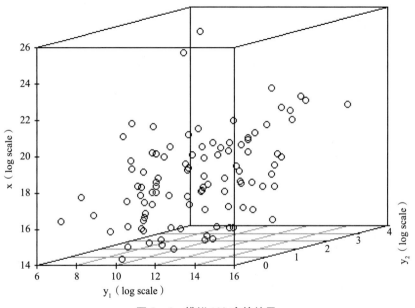

图 5 - 4 模拟 100 次的结果

5.4.5 参数敏感度分析

首先，考察利率与债券价格之间的关系。从图 5 - 6 可知，债券价格随着期限的延长呈现下降的趋势；此外，在朗斯塔夫利率下，债券价格从91.9301 变化到 77.4462，而在 CIR 利率下，债券价格从 89.0232 变化到84.8210，这说明朗斯塔夫所对应的价格曲线的斜率的绝对值更大，选用朗斯塔夫利率时巨灾债券的价格对期限更敏感一些。两种不同利率下的相对价格差如图 5 - 7 所示，价格差从 3.1621% 变化到 - 9.5225%。从图 5 - 7 显著的价格变化情况可知，利率期限结构是影响债券价格的重要因素，在定价模型中要予以充分考虑。

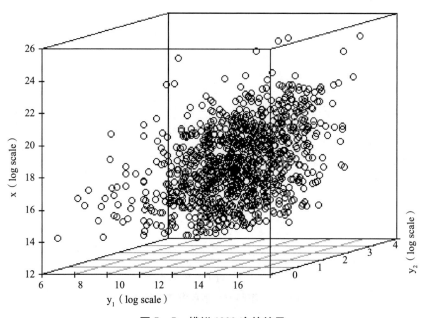

图 5 - 5　模拟 1000 次的结果

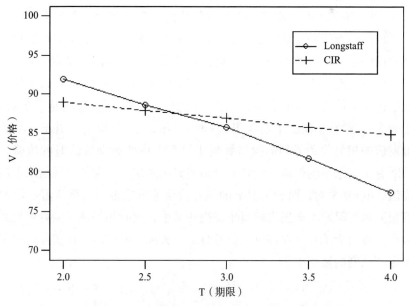

图 5 - 6　朗斯塔夫利率和 CIR 利率下的债券价格

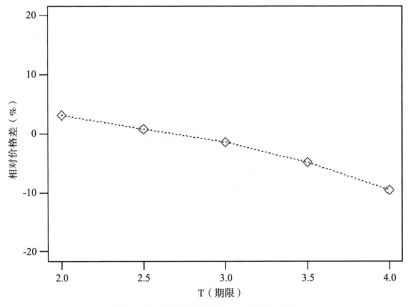

图 5 – 7　不同利率下巨灾债券价格差

其次，考察触发值是否考虑相关性与债券价格的关系。如表 5 – 4 所示，当 q_1^X 的既定值较大时，K^{Y_2} 和 K^{Y_1} 的条件分位点取值要大于无条件分位点取值，这导致前者的债券价格要高于后者。又因为较高的债券价格可以提高保险业的供给水平，从而提升巨灾保险的市场容量和分散巨灾风险的能力，而且无条件分位点取法忽略了 K^{Y_2} 和 K^{Y_1} 对 K_2^X 和 K_1^X 的依赖性，所以条件分位点取法比无条件分位点取法不仅更优而且更合理。为了更直观地看到效果，基于表 5 – 4 的数据绘制了曲线图 5 – 8，从图 5 – 8 可以明显看出，考虑变量触发值的相关关系得到的价格要高于没有考虑变量触发值时的价格。另外，随着置信水平的提高，两者的价格差异越来越小，尤其当置信水平达到很高值即 p = 0.9 时，两种情况下的债券价格非常接近。这意味着当触发值达到很高水平时，本金损失的概率变得非常小，此时相关性对债券价格的影响很小。然而为了充分发挥巨灾债券分散巨灾风险的作用，在实际应用中不会设定那么高的置信水平。

表 5 − 4	$q_1^X = 337.7536$ 时债券价格				
p	70%	75%	80%	85%	90%
$q^{Y_2} = F^{-1}(p \mid X = q_1^X)$	14	16	19	22	31
$K^{Y_2} = q^{Y_2} \times \lambda \times T$	126	144	171	198	279
$q^{Y_1} = F^{-1}(p \mid X = q_1^X, Y_2 = q^Y)$	19.1238	23.3579	32.8166	45.1926	62.2361
$K^{Y_1} = q^{Y_1} \times \lambda \times T$	172.1144	210.2210	295.3495	406.7339	560.1246
债券价格	80.2519	82.8034	85.4708	86.60368	86.9153
$q^{Y_2} = F_{Y_2}^{-1}(p)$	13	15	17	21	27
$K^{Y_2} = q^{Y_2} \times \lambda \times T$	117	135	153	189	243
$q^{Y_1} = F_{Y_1}^{-1}(p)$	10.6144	13.42934	17.14554	21.4117	33.9132
$K^{Y_1} = q^{Y_1} \times \lambda \times T$	117.9375	149.2146	190.5056	237.9072	376.8128
债券价格	76.1562	79.5849	82.3359	84.9248	86.6330

注：模拟次数为 10 万次；q^{Y_2} 为取整后的数值。

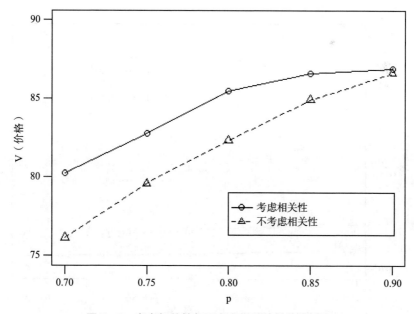

图 5 − 8　考虑相关性与不考虑相关性的价格对比

5.5 建立的单、双、多事件触发巨灾 债券定价模型的比较分析

本章的巨灾债券定价模型与第 3 章和第 4 章的定价模型在利率期限结构、变量关系刻画、尾部拟合分布等方面都存在不同。下面对这三类巨灾债券定价模型进行比较分析。

(1) 如图 5-9 所示,随着触发值的提高,债券的触发概率都呈现下降的规律,单事件触发巨灾债券的触发概率从 0.5595 变化到 0.3172,双事件触发巨灾债券的触发概率从 0.2026 变化到 0.1320,多事件触发债券的触发概率从 0.0768 变化到 0.0558。从触发概率变化的大小来看,任何触发值下的触发概率都是单事件最高,其次为双事件触发债券,多事件触发债券的触发概率最低。这个结果正是三种不同债券投资风险的体现。从触发概率的下降速度看,双事件触发债券和多事件触发债券随着触发值的提高而匀速下降,单事件触发巨灾债券的下降速度先快后慢。

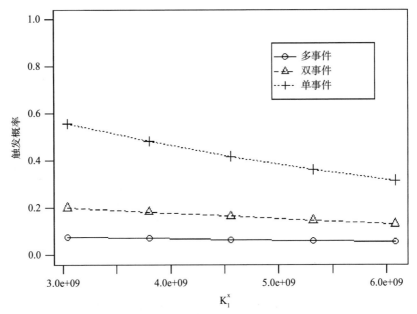

图 5-9　单双多事件债券触发概率

（2）如图 5-10 所示，随着触发值的提高，债券的价格会呈现上升的规律，适用于单事件触发债券和双多事件触发债券。单事件触发债券的价格从 62.7270 上升到 68.7223，双事件触发债券的价格从 77.0819 上升到 79.3712，多事件触发债券的价格从 82.8034 上升到 83.5612。从价格水平看，任何触发值下的债券价格都是多事件触发债券价格最高，其次是双事件触发债券，单事件触发债券价格最低。这个结果与现实情况相符，触发概率最低的多事件触发债券由于其本金损失的风险较低，导致该债券的价格最高。而单事件触发债券的触发概率最高，本金损失风险最大，相应的结果是其价格最低。

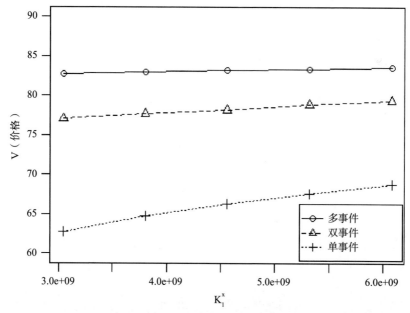

图 5-10　单双多事件巨灾债券价格

（3）本章构建的单事件触发债券、双事件触发债券和多事件触发债券由于触发概率不同，满足了市场对不同风险债券的需求，丰富了债券市场的产品层次，具有广泛的应用价值和政策性推广前景。

5.6　本　章　小　结

本章在上一章的基础上对巨灾债券的定价模型进行了更深入的研究，由于现实中多变量之间的复杂关系，变量间的两两相关结构不可能完全一致，利用藤 Copula 对洪灾损失变量之间的相关关系进行刻画。据笔者所知，本章首次将藤 Copula 应用到巨灾风险领域，研究多事件触发巨灾债券定价。

本章引入藤 Copula 来刻画巨灾损失变量间的相关结构，然后由条件分布函数实现对 CVaR 的估计。对全球洪水巨灾事件的损失数据进行实证分析，经 CVaR 和 CES 的两个回测检验指标验证：藤 Copula 模型的估计效果明显优于常用多元 Copula 模型。利用藤 Copula 计算出的 CVaR 值进行触发值的设定，从而研究多事件触发巨灾债券定价。

本章对设计的三种巨灾债券定价研究进行总结，并从触发概率和价格水平等方面进行比较分析，为巨灾债券的理论研究和实际应用提供参考。

第6章 基于连续时间动态模型的巨灾债券无差异定价研究

据西格玛最新研究报告《经济积累和气候变化时期的自然灾害》(*Natural Catastrophes in Times of Economic Accumulation and Climate Change*)可知，受极端天气影响，2019 年巨灾造成的经济损失为 1460 亿美元，其中 1370 亿美元的经济损失由自然灾难造成，剩下 90 亿美元则由人为灾害事件造成。全球保险业赔付了 600 亿美元的损失，自然灾害占了 520 亿美元。不断攀升的保险赔付给保险公司带来了巨大的挑战，亟须寻找创新性的解决方法来转移巨灾风险。巨灾债券作为重要的保险连接金融证券，掀起了风险管理和风险转移的革命，并逐渐成为国际金融市场的新发展趋势，成为当前损失融资市场中最受欢迎的证券产品。2015 年 7 月，中再集团以国内地震风险为保障对象，在百慕大成功发行了我国的第一只巨灾债券 Panda Re，标志着我国保险风险证券化研究从理论到实践的重大突破，对保险和金融市场的融合发展具有重大意义。2021 年，中再集团在香港成功发行巨灾债券，这是国内首个巨灾债券。据阿特米斯资本有限公司统计，截至 2023 年 11 月 27 日，巨灾债券市场上共有 431 亿美元未偿付债券。

巨灾债券通过特殊目的机构将巨灾风险由保险市场转移到资本市场，是分散巨灾风险强有力的新型金融工具。巨灾债券的投资收益取决于巨灾触发事件是否发生，具有结构简单、成本低的特征，可为投资组合提供一种高收益率的零贝塔资产，因此受到投资者的青睐。巨灾债券能否成功发行，公平定价是关键所在。巨灾债券不仅在结构特征上具备金融衍生品的属性，也在逻辑特征上具有保险产品的属性，这种双重属性特征使得它的定价面临较大困难。马宗刚和马超群（2013）、马宗刚等（2016）基于无套利定价理论，在随机利率和累积损失过程服从复合泊松过程的假设条件下，导出了巨灾债券定价公式，并运用混合逼近算法求解债券的价格。巢文和邹辉文（2018）基于同样的建模方法，综合 Copula 模型和 POT 模型构建了多事件触发的巨灾债券定价模型。赛林和苏勒（Selin and Sule，2020）进一步引入更新过程刻画死亡跳跃过程，获得了巨灾死亡巨灾债券定价公式。此外，李金平和俞敏德（2010）、诺瓦克和罗马努克（2013）、邵新力等（2017）、伯恩其等（Burnecki et al.，2019）也采用无套利定价方法在巨灾债券定价方面做了很多工作。

由于巨灾造成的累积损失过程存在着跳跃风险并且标的风险具有不可交易性，因此巨灾债券的支付也不能由传统的债券或股票的组合进行对冲，一个不完全市场的假设就不可避免，而无套利定价方法并没有完全脱离对不完全市场的构造。为了实现巨灾债券在不完全市场中的定价，霍奇斯和纽伯格（Hodges and Neuberger，1989）在 1989 年首次提出了无差异定价方法，之后该思想在不完全市场的定价研究中得到了广泛应用。无差异定价思想是在经济学的效用理论基础上，通过在投资者买与不买的效用权衡中，获得对金融资产的均衡定价。无差异定价方法根据效用函数描述的风险偏好，找到买方和卖方的无差异价格。买方的无差异价格是使得他购买该证券后的财富期望效用与不购买该证券时的财富期望效用一样的价格。类似的定义同样适用于卖方的无差异价格。特别地，杨格（Young，2004）率先将无差异定价方法应用到巨灾债券的定价研究中，在随机利率期限结构下，建立了巨灾债券无差异价格满足的高阶偏微分方程，但无法求得显式解。随后，埃加米和杨格（Egami and Young，2008）考虑了两类具有不同支付结构的巨灾债券无差异定价问题，应用随机控制原理给出了卖方（保险公司）的连续时间最优比例再保险策略，进而获得了巨灾债券无差异价格的数值解。针对已有文献无法给出显式解的不足，刘静等（2018）提出一个静态模型，只允许最优投资策略在期初设定而不能随时间连续调整，从而得到了巨灾债券在初始时刻的无差异价格。

综合已有文献的研究成果可知，巨灾债券的定价研究仍处于发展阶段。不同于已有的静态模型，为了获得不完全市场下巨灾债券无差异定价的显式解，同时兼顾投资者可对投资策略做连续调整的现实情况，本章考虑一类具有特定支付结构的巨灾债券，并以期末财富指数效用的期望值最大化为目标，利用随机控制原理，通过求解 HJB（Hamilton-Jacobi-Bellman）方程，给出不投资巨灾债券情况下的买方连续时间最优投资策略。进而，在金融市场与巨灾风险独立的假设下，根据无差异定价基本原则，令投资与不投资巨灾债券情况下的最优值函数相等，获得巨灾债券无差异价格的显式解。最后，基于所得结论进行实例计算和主要参数的敏感度分析，探析影响巨灾债券价格的内在机理，进一步丰富和深化巨灾债券的定价研究。

6.1 模型构建与主要结论

6.1.1 模型假设

设本章提及的所有随机变量和随机过程均定义在完备化的概率空间 $(\Omega, \mathcal{F}, P)$ 上，并沿用已有文献的假设，认为金融市场与巨灾市场无关。

假设某种灾害保险的总理赔过程 S_t 可表示为 $S_t = \sum_{i=1}^{N(t)} Y_i$，其中 N_t 表示 $[0, t]$ 内的总理赔次数，是一个强度为 λ 的齐次泊松过程；Y_i 表示第 i 次理赔额，与理赔次数过程 N_t 相互独立；Y_1，Y_2，…，Y_n 是一列独立同分布的连续型随机变量，且共同分布为 $F_Y(\cdot)$。对于给定的触发水平 $d > 0$，若 $Y_i \geqslant d$ 则认为巨灾事件发生。用 τ 表示第一次巨灾事件发生的时刻。

为了对冲这种灾害保险可能出现的巨额理赔，保险公司发行了一种面值为 1，成熟期为 T 年的巨灾债券。如果在 T 年内没有发生设定的巨灾，则该巨灾债券的投资者在 T 年内没有发生设定的巨灾（$Y_i \geqslant d$），则该巨灾债券的投资者在 T 年末可以收回面值，也就是债券具有如下支付结构：

$$C_T = \begin{cases} 1, & \tau > T \\ 0, & \tau \leqslant T \end{cases}$$

即，$\tau > T$ 说明巨灾债券设定的巨灾事件未发生；否则，巨灾事件发生。

为方便起见，除了巨灾债券外，假设资本市场仅有两类资产：一类是无风险资产，在 t 时刻的价格记作 $R(t)$；另一类是风险资产，在 t 时刻的价格记作 $L(t)$。假设 $R(t)$ 满足：

$$dR(t) = rR(t)dt$$

其中，$r > 0$ 为无风险利率。另外，假设 $L(t)$ 满足随机微分方程：

$$dL(t) = \mu L(t)dt + \sigma L(t)dB(t)$$

其中，μ，$\sigma > 0$ 分别为风险资产的期望收益率和收益波动率，$B(t)$ 表示标准布朗运动。

考虑投资人具有如下的指数期望效用：

$$u(x) = -e^{-\eta x}$$

其中，$\eta > 0$ 是风险厌恶系数。显然，$u(x)$ 满足 $u'(x) > 0$，$u''(x) < 0$，$\forall x \in R$。

6.1.2　不投资巨灾债券

首先，寻求投资者不投资巨灾债券情况下的最优投资决策。假设投资者在 t 时刻将 π_t 的资金投资于风险资产，同时将剩余的资金 $X_t - \pi_t$ 投资于无风险资产。于是，投资者的财富过程 X_t 满足：

$$dX_t = \pi_t \frac{dP(t)}{P(t)} + (X_t - \pi_t) \frac{dB(t)}{B(t)}$$

等价于：

$$dX_t = [(\mu - \sigma)\pi_t + rX_t]dt + \sigma\pi_t dB(t) \tag{6-1}$$

投资者希望找到最优投资策略 π^* 来实现期末财富的期望效用最大化。为此，设定值函数为：

$$V(t, x) = \sup_{\pi(t)} E[u(X_T) \mid X_t = x] \tag{6-2}$$

即，$V(t, x)$ 表示在 t 时刻投资者的财富为 x 的条件下投资者期末财富的期望效用最大值。

由式 (6-1) 和式 (6-2)，应用 Ito 公式和动态规划原理，可知 $V(t, x)$ 满足如下的 HJB 方程：

$$V_t + \sup_{\pi}\left\{ [(\mu - r)\pi + rx]V_x + \frac{1}{2}\sigma^2\pi^2 V_{xx} \right\} = 0 \tag{6-3}$$

其中，V_t，V_x 和 V_{xx} 分别表示值函数 $V(t, x)$ 关于 t 的一阶导数，关于 x 的一阶偏导数和二阶偏导数；且边界条件为 $V(T, x) = -e^{-\eta x}$。受学者杨海亮 (2005)、梁志斌 (2007) 的启发，猜测式 (6-3) 的解具有如下形式：

$$V(t, x) = -\exp\{-\eta x e^{r(T-t)} + g(T-t)\} \tag{6-4}$$

其中，$g(\cdot)$ 是一个函数，满足 $g(0) = 0$。通过简单的计算：

$$\begin{cases} V_t = V(t, x)[\eta x r e^{r(T-t)} - g'(T-t)] \\ V_x = V(t, x)(-\eta e^{r(T-t)}) \\ V_{xx} = V(t, x)\eta^2 e^{2r(T-t)} \end{cases}$$

将上述等式代入式 (6-3)，再关于 π 求导，易知最佳投资策略为：

$$\pi^* = \frac{\mu - r}{\eta\sigma^2}e^{-r(T-t)}$$

进而，有：

$$g'(T-t) = -\frac{1}{2}\frac{(\mu-r)^2}{\eta\sigma^2}。$$

将上式两端在区间 ［t，T］ 上积分，综合边界条件 $g(0) = 0$，可得：

$$g(T-t) = \frac{1}{2}\frac{(\mu-r)^2}{\eta\sigma^2}(T-t)。$$

因此，不投资巨灾债券情况下，投资者的期末财富最优期望效用为：

$$V(t,\ x) = -\exp\left\{-\eta x e^{r(T-t)} + \frac{1}{2}\frac{(\mu-r)^2}{\eta\sigma^2}(T-t)\right\} \qquad (6-5)$$

6.1.3　投资巨灾债券

针对具有本章所约定支付结构的巨灾债券，如果在 ［0，t］ 内设定的巨灾事件已经发生，则在 t 时刻巨灾债券的价值为 0，显然投资者不会在此时购买巨灾债券。因此，只有当 ［0，t］ 内设定的巨灾事件未发生的条件下，投资者才会在 t 时刻购买巨灾债券。

假设在 t 时刻，为购买该面值为 α 的巨灾债券，投资者需要支付的价格为 $h(t)$，同时将 π_t 的资金投资于风险资产，再将剩余的资金 $X_t - h(t) - \pi_t$ 投资于无风险资产。对于这种情况，投资者期末财富的期望效用最大值为：

$$W(t,\ x) = \sup_{\pi(t)} E[u(X_T + \alpha C_T)|X_t = x,\ \tau > t] \qquad (6-6)$$

由于齐次泊松过程具有平稳独立增量，以及金融市场与巨灾事件的独立性假设，在本章的债券支付结构与指数期望效用下有：

$$W(t,\ x) = E[\exp(-\eta\alpha I_{\{\tau>T\}})|\tau>t]\sup_{\pi(t)} E[u(X_T)|X_t = x]$$
$$= V(t,\ x)E[\exp(-\eta\alpha I_{\{\tau>T-t\}})]$$
$$= V(t,\ x)[1 + (e^{-\eta\alpha} - 1)P(\max\{Y_1,\ \cdots,\ Y_{N(T-t)}\} < d)]$$

其中，$I_{\{\cdot\}}$ 为示性函数。

由全概率公式和泰勒公式，又有：

$$P(\max\{Y_1,\ \cdots,\ Y_{N(T-t)}\} < d) = \sum_{k=0}^{\infty} P(N(T-t) = k)$$
$$P(\max\{Y_1,\ \cdots,\ Y_k\} < d|N(T-t) = k)$$
$$= \sum_{k=0}^{\infty} e^{-\lambda(T-t)}\frac{[\lambda(T-t)]^k}{k!}F_Y^k(d)$$

$$= e^{-\lambda(T-t)} \sum_{k=0}^{\infty} \frac{\left[\lambda(T-t)F_Y(d)\right]^k}{k!}$$

$$= e^{-\lambda(1-F_Y(d))(T-t)}$$

综上，可知：

$$W(t,\ x) = -\exp\left\{-\eta x e^{r(T-t)} + \frac{1}{2}\frac{(\mu-r)^2}{\eta\sigma^2}(T-t)\right\}$$

$$\left[1 + e^{-\lambda(1-F_Y(d))(T-t)}(e^{-\eta\alpha}-1)\right] \qquad (6-7)$$

6.1.4 主要结论

根据无差异定价的基本原则，巨灾债券在 t 时刻的价格 $h(t)$ 满足：

$$V(t,\ x) = W(t,\ x-h(t))$$

综合式（6-6）和式（6-7），计算可得：

$$h(t) = \frac{\ln\left[1 + e^{-\lambda(1-F_Y(d))(T-t)}(e^{-\eta\alpha}-1)\right]}{-\eta e^{r(T-t)}} \qquad (6-8)$$

由式（6-5）和式（6-7）可知，无论是否投资巨灾债券，投资者的期末财富最优期望效用均随着无风险利率 r 和风险厌恶系数 η 的增大而增大，随着风险资产的期望收益率 μ 和收益波动率 σ 的增大而减小。

由式（6-8）可知，在无差异定价的基本原则下，债券价格 $h(t)$ 与初始资金 x、风险资产的期望收益率 μ 以及收益波动率 σ 无关。

6.2 实例计算和敏感度分析

6.2.1 实例计算

假设无风险利率 $r=0.03$，成熟期限 $T=2$，$\alpha=1$，$\lambda=3$。由于巨灾债券的投资风险较高，说明愿意购买的投资者风险厌恶程度较低，因此本章风险厌恶系数 η 在 $(0,\ 0.5)$ 内进行取值，特别地，这里令 $\eta=0.25$。为了吸引投资者购买巨灾债券，需要让巨灾债券违约的可能性比较小，因此取理赔额分布函数 F_Y 的下侧 0.95 分位点作为触发水平 d，即 $d=F_Y^{-1}(0.95)$。根据式（6-8），通过 R 软件计算可得成熟期限内各时刻巨灾债券的无差异价格，见表 6 - 1。

t	0	0.5	1	1.5	2
h(t)	0.6742	0.7432	0.8198	0.9051	1

表 6 - 1　　　　　　　　t 时刻巨灾债券的无差异价格

6.2.2　敏感度分析

为了进一步分析巨灾债券价格受触发水平和风险厌恶系数等不同因素的影响程度，本节将对巨灾债券价格随不同因素变动的敏感性进行分析。

（1）令 $\mu = 0.1$，$\sigma = 0.3$，观察初始时刻不同触发水平 $d(d = F_Y^{-1}(q))$ 下的值函数。如图 6 - 1 所示，可以看出，随着触发水平增大，值函数 $V(0, x)$ 和 $W(0, x)$ 水平间距变宽，反映出债券价格提高。这是因为触发水平的升高会造成债券被触发的可能性降低，投资者要求的风险补偿就减少。

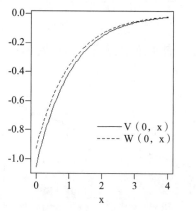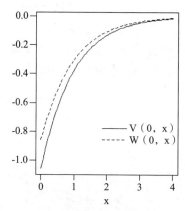

图 6 - 1　t = 0 时刻的值函数（左图 q = 0.9，右图 q = 0.975）

（2）分析触发水平对巨灾债券价格的影响。选择三个分位点进行对比，得出三种触发水平下债券价格随 t 的变化情况。从图 6 - 2 可以看出，随着触发水平的提高，债券价格与图 6 - 1 所得结果一致。此外，三种触发水平下的债券价格都随着 t 的增加而增加。这种现象说明，在债券兑现时间间隔变短时，巨灾触发的可能性变小，风险补偿也随之减少。

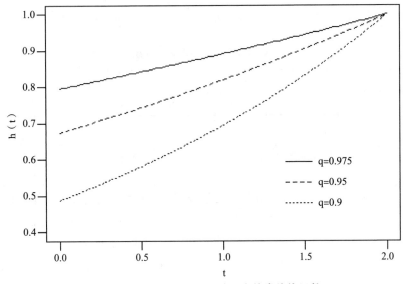

图 6 - 2   不同触发水平下的巨灾债券价格函数

（3）分析风险厌恶系数对巨灾债券价格的影响。选择三个风险厌恶系数进行对比，画出三种系数下的债券价格随 t 变化的趋势图，如图 6 - 3 所示。随着风险厌恶系数的增大，债券价格呈下降的趋势，这个结果正是不同投资风险偏好的体现。越厌恶风险的投资者越不愿意投资高风险的巨灾债券，导致相应的债券价格越低。

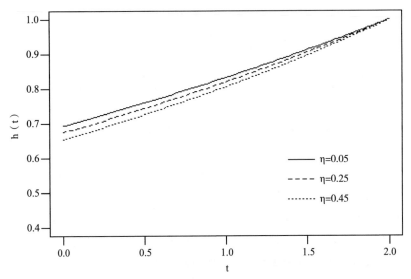

图 6 - 3   不同风险厌恶系数下的巨灾债券价格函数

比较图 6－2 和图 6－3 可知，债券价格对触发水平的敏感度要高于风险厌恶系数。究其原因，债券投资者的风险厌恶系数在（0，0.5）内取值（接近 0），意味着此时投资者的风险偏好接近风险中性，因此风险厌恶系数的变化对债券价格的影响不显著。

6.3　本章小结

本章基于连续时间动态模型，首先利用无差异定价方法，在买方期末财富指数效用最大化的目标下，利用随机控制原理，获得了不投资巨灾债券情况下的投资者最优投资策略。其次，给出了具有特定支付结构的巨灾债券无差异价格的显式解。最后，进行了实例计算和一些关键参数的敏感度分析，得到了下面的结论：债券价格随触发水平的增大而增大，随风险厌恶系数的增大而减小。相较于风险厌恶系数，触发水平对债券价格的影响更显著。

第7章 基于 Copula 函数的分层巨灾债券定价研究

自 20 世纪 70 年代以来，全球自然灾害频繁发生，如 2021 年 7 月的河南暴雨以及 2023 年 8 月的台风"杜苏芮"导致全国 14 个省份遭受严重损失。这些巨灾事件给人类带来了重大的人员伤亡和严重的经济损失，并且发生的频率与造成的财富损失处于一直增长的态势。作为世界上自然灾害最严重的国家之一，我国承受的巨灾风险不断加剧，保险业和政府部门的金融压力变大，越来越难以支付日益庞大的保险赔付。由于巨灾事件发生频率较低，造成的损失巨大，传统的保险模式很难实现巨灾风险的转移，亟须从创新性的金融产品中寻求出路。为了提高保险公司的风险承担能力，近十年来出现了一些有效的金融衍生工具，其中巨灾债券就是最成功的金融衍生工具之一。巨灾债券作为连接保险市场和投资市场的中介，通过债券交易的方式，把保险市场的风险转移到广阔的资本市场，不仅扩大了保险公司的承保能力，减轻了政府部门的财政压力，还为资本市场的投资者提供了一种高收益、低风险的新型投资机会。

现有的巨灾债券定价研究大多数没有考虑不同地区或不同指标之间的相关性。李金平和俞敏德（2002）通过考虑违约风险、道德风险和基差风险对巨灾债券进行定价；林一佳和考克斯（Lin and Cox，2008）采用王变换方法对巨灾债券进行定价；诺瓦克和罗马努克（2013）构建了随机利率下的巨灾债券的定价模型，并采用蒙特卡洛模拟方法计算债券的价格。在国内，施建祥和邬云玲（2006）利用资本资产定价模型和债券定价原理计算台风灾害债券的收益率和价格；杨凯和齐中英（2007）应用标准金融理论与行为金融理论对巨灾债券定价进行研究，尤其重视参考点效应理论的应用；杨晔（2009）分别从规范学和实证学的角度，采用无套利定价和双因素王变换方法计算巨灾债券的价格；谢世清（2011）从保险精算定价的角度对巨灾债券四个主要理论定价模型进行了系统评析。然而只有极少的研究是在相关性下进行建模定价，雷舍塔尔（2008）和李永等（2013）分别研究了双指标相关性下恐怖主义巨灾债券和台风巨灾债券。

除了相关性，债券购买者需求的多样化、财富的差异化等因素对债券的定价也提出了更高的要求。现有的巨灾债券定价都局限于单一的价格，难以对风险承担程度进行有效区分，无法满足投资者多样化的购买需求。

本章针对现有巨灾债券研究中的不足，首次尝试利用 Copula 函数对不同地区的台风灾害发生频数相关性进行分析，并运用正双曲利率期限结构进行贴现。为使巨灾债券定价更加合理，以台风经济损失程度为依据，将债券投资者对保险公司承担的风险划分为若干层次，称为"风险承担层"。在每个"风险承担层"，投资者承担约定的损失，获得相应比例的息票和本金。这种差别化的风险分层定价在台风经济损失小时，投资者获得的收益比重大，反之，则只能获得较少收益甚至零收益。分层定价不仅使债券定价更加符合现实市场，还迎合了不同风险偏好的投资者，从而使债券的吸引力得到增强。在计算债券价格时，通常采用数值逼近方法（Reijien et al.，2005；Unger，2010；Ma and Ma，2013）和蒙特卡洛模拟方法（Vaugirard，2003；Zimbids，2007；尚勤等，2010）实现。但是用数值逼近方法估计债券价格时，累积损失越高，产生的误差会越大。而蒙特卡洛模拟方法不仅能大量、快速地模拟结果，还具有较高的准确性。因此，本章采用蒙特卡洛模拟方法估计巨灾债券的价格。

7.1　模型设定与构建

7.1.1　假设

本章的巨灾债券特征是：（1）跳跃风险是系统的，可使用风险中性估值理论定价；（2）考虑的是付息债券，即按照事先约定，在每年年末向投资者支付一定比例的息票，到期时还要支付所有或部分本金；（3）每期息票只与当期的台风经济损失有关，而本金的支付则需要综合考虑在成熟期内台风的经济损失总和；（4）债券成熟期为 T，L_i 表示第 i 年台风造成的年度损失额，服从复合分布，即 $L_i = \sum_{j=1}^{N(i)} X_j$，$N(i)$ 表示第 i 年台风发生的频数，$X_j(j = 1, 2, \cdots, n)$ 表示独立同分布的台风次损失额，并且 X_j 独立于 $N(i)$。

7.1.2　巨灾债券定价模型

本章考虑的是支付结构与两个地区台风经济损失相关联的巨灾债券，其中两个地区的台风经济损失有一定的相关关系。它们的息票支付结构分别为：

当 $t = 1, 2\cdots, T$ 时，

$$C_t^1 = \begin{cases} q_n w_1 C, & l_n^1 < L_i^1 \\ q_{n-1} w_1 C, & l_{n-1}^1 < L_i^1 \leqslant l_n^1 \\ \vdots & \vdots \\ q_1 w_1 C, & l_1^1 < L_i^1 \leqslant l_2^1 \\ q_0 w_1 C, & l_0^1 < L_i^1 \leqslant l_1^1 \end{cases} \quad ; \quad C_t^2 = \begin{cases} q_n w_2 C, & l_n^2 < L_i^2 \\ q_{n-1} w_2 C, & l_{n-1}^2 < L_i^2 \leqslant l_n^2 \\ \vdots & \vdots \\ q_1 w_2 C, & l_1^2 < L_i^2 \leqslant l_2^2 \\ q_0 w_2 C, & l_0^2 < L_i^2 \leqslant l_1^2 \end{cases}$$

本金支付结构分别为：

$$F_T^1 = \begin{cases} q_n w_1 F, & Tl_n^1 < \sum_{i=1}^T L_i^1 \\ q_{n-1} w_1 F, & Tl_{n-1}^1 < \sum_{i=1}^T L_i^1 \leqslant Tl_n^1 \\ \vdots & \vdots \\ q_1 w_1 F, & Tl_1^1 < \sum_{i=1}^T L_i^1 \leqslant Tl_2^1 \\ q_0 w_1 F, & Tl_0^1 < \sum_{i=1}^T L_i^1 \leqslant Tl_1^1 \end{cases} \quad ; \quad F_T^2 = \begin{cases} q_n w_2 F, & Tl_n^2 < \sum_{i=1}^T L_i^2 \\ q_{n-1} w_2 F, & Tl_{n-1}^2 < \sum_{i=1}^T L_i^2 \leqslant Tl_n^2 \\ \vdots & \vdots \\ q_1 w_2 F, & Tl_1^2 < \sum_{i=1}^T L_i^2 \leqslant Tl_2^2 \\ q_0 w_2 F, & Tl_0^2 < \sum_{i=1}^T L_i^2 \leqslant Tl_1^2 \end{cases}$$

在上式中，$q_i = (n-i)/n$，$l_i^1 = iK^1$，$l_i^2 = iK^2 (i = 1, 2, \cdots, n)$；$q_i$ 表示不同巨灾损失情况下支付给投资者的息票或本金比重，n 是分层的层数，C 是息票额，K^1 和 K^2 分别表示两个地区的触发水平，L_i^1 和 L_i^2 分别表示两个地区第 i 年的年度损失额，$\sum_{i=1}^T L_i^1$ 和 $\sum_{i=1}^T L_i^2$ 分别表示两个地区成熟期限内的总损失

额，w_1 和 w_2 分别表示两个地区在债券定价中所占的比重。

令 V 为长寿债券价格，则 V 和 C_t^1、C_t^2、F_T^1 和 F_T^2 的关系满足：

$$V = \sum_{t=1}^{T} E[C_t^1 + C_t^2]p(0, t) + E[F_T^1 + F_T^2]p(0, T)$$

$$= w_1 C \sum_{t=1}^{T} \sum_{i=0}^{n-1} q_i [P(L_i^1 \leq l_{i+1}^1) - P(L_i^1 \leq l_i^1)]p(0, t)$$

$$+ w_2 C \sum_{t=1}^{T} \sum_{i=0}^{n-1} q_i [P(L_i^2 \leq l_{i+1}^2) - P(L_i^2 \leq l_i^2)]p(0, t)$$

$$+ w_1 F \sum_{i=0}^{n-1} q_i [P(\sum_{i=1}^{T} L_i^1 \leq Tl_{i+1}^1) - P(\sum_{i=1}^{T} L_i^1 \leq Tl_i^1)]p(0, T)$$

$$+ w_2 F \sum_{i=0}^{n-1} q_i [P(\sum_{i=1}^{T} L_i^2 \leq Tl_{i+1}^2) - P(\sum_{i=1}^{T} L_i^2 \leq Tl_i^2)]p(0, T)$$

$$(7-1)$$

其中，$p(0, t) = E[exp(-\int_0^t r(u)du)]$，表示无风险利率 $r(t)$ 下的折现因子。

7.1.3　利率期限结构

利率期限结构与债券定价关系密切，在巨灾债券定价过程中，利率模型的选取尤为关键。潘冠中等（2006）通过实证得出：在单因子利率模型中，正双曲利率模型是最能描述我国货币市场利率动态变化的模型。因此，本章假设市场无风险利率服从正双曲利率模型，满足以下随机微分方程：

$$dr(t) = [(\alpha_{-1}/r(t)) + \alpha_0]dt + \beta[r(t)]^{1.5}dW(t) \qquad (7-2)$$

其中，α_{-1}、α_0 和 β 是参数；$W(t)$ 是标准维纳过程；$\beta[r(t)]^{1.5}$ 是扩散项。$(\alpha_{-1}/r(t)) + \alpha_0$ 是均值回归漂移项，由于漂移项是双曲线方程，且只包括双曲线横轴以上部分，因此被称为正双曲利率模型。正双曲利率模型不同于 CIR 和 Vasicek 利率模型，它不存在解析解，只能进行蒙特卡洛模拟。步骤如下：

（1）等分 T 年期限为 100T 份，即 dt = 0.01；

（2）生成100T 个服从正态分布 N(0, dt) 的随机数 W(i)，i = 1, 2, …, 100T；

（3）由 W(i) 和式（7-2）的离散表达式计算可得 T 年期内每一个等分时刻的利率 r (i)；

（4）利用 r(i) 计算得到一个 T 年期内每年年末利率折现因子的仿真序列。

7.2　实证分析

通过观察台风转向路径可知，广东省和广西壮族自治区的台风发生频数具有较强的相关性，而且两广地区是我国台风灾害比较严重的两个地区。因此，本章利用两广地区的台风损失数据进行相关实证分析。

7.2.1　数据来源与数据设定

（1）数据来源于《中国气象灾害大典（广东卷）》《中国气象灾害大典（广西卷）》和《中国海洋灾害公报》，选取 1985～2021 年广东省和广西壮族自治区台风灾害经济损失为样本数据；为消除通货膨胀因素，采用 CPI 指数逆推法将每年的经济损失折算成 2021 年的不变价。

（2）假设本金 $F = 100$ （元），息票 $C = 3$，成熟期 $T = 5$，初始利率 $r_0 = 0.024$；参考广东省和广西壮族自治区历年台风经济损失情况，取 $w_1 = 0.8$，$w_2 = 0.2$；触发水平分别取各地区历年台风次损失额的中位数，即 $K^1 = 13.6285$，$K^2 = 2.3740$。

（3）利用极大似然方法估价式（7-2）中的参数是：$\alpha_{-1} = 0.00262$，$\alpha_0 = -0.11621$，$\beta = 2.1741$。

7.2.2　数据拟合

（1）针对广东省和广西壮族自治区每年的台风发生频数，选用 3 种常用的离散型分布拟合，并进行 χ^2 拟合优度检验。如表 7-1 所示，广东省台风发生频数泊松分布拟合最好，广西壮族自治区台风发生频数则是负二项分布拟合最好。

表 7 – 1　　　　　　　　　　台风发生频数 χ^2 检验结果

	广东省台风频数拟合结果			广西壮族自治区台风频数拟合结果		
分布	泊松分布	几何分布	负二项分布	泊松分布	几何分布	负二项分布
参数	$\lambda = 2.8321$	$p = 0.3125$	$r = 6$, $p = 0.7365$	$\lambda = 1.4334$	$p = 0.4168$	$r = 11$, $p = 0.8788$
p 值	0.6689	0.0000	0.5704	0.8346	0.0812	0.8534

（2）假设广东省和广西壮族自治区台风次损失额是连续的，由表 7 – 2 可知，数据呈现出"尖峰厚尾"的特征。因此，选取在"厚尾"分布族里比较有代表性，同时兼具良好统计性质（可加性）的伽玛分布来进行拟合。再进行次损失额的 K-S 拟合优度检验，在 0.95 的置信水平下，广东省的伽玛分布 K-S 检验 p 值为 0.8102，广西壮族自治区的伽玛分布 K-S 检验 p 值为 0.9012，均通过检验。这说明伽玛分布对广东省和广西壮族自治区的次损失额拟合良好。

表 7 – 2　　　　　　　　　台风次损失额的描述性统计量

地区	均值	方差	标准差	偏度	峰度	最大值	最小值	中位数
广东	25.3678	1356.4	36.6532	3.8486	20.3265	278.24	0.0105	15.2357
广西	9.2688	226.25	15.7811	2.8671	11.2431	71.31	0.0235	2.6892

7.2.3　Copula 函数的选择及其参数估计

通过 Matlab 软件计算可得，两广地区台风发生频数的 Kendall 秩相关系数 $\tau = 0.3201$，说明两组数据具有明显的正相关性。为更好地研究两个地区台风发生的相关性规律，本章引入 Copula 函数进行研究。Copula 函数将联合分布函数和各自的边缘分布函数连接在一起，因此也称为连接函数，它通常用于探究随机变量之间的非线性关系。本章采用 Archimedean Copula 函数族构造联合分布函数，其函数表达式为：

$$C(u_1, u_2, \cdots, u_n) = \varphi^{-1}(\varphi(u_1) + \varphi(u_2) + \cdots + \varphi(u_n)),$$

其中，$\varphi(\cdot)$ 是 Archimedean Copula 函数的生成元，不同的生成元对应不同的 Copula 函数。

最常见的 Archimedean Copula 函数有 Gumbel、Clayton 和 Frank Copula 函数。由于不同的 Copula 函数具有不同的相关模式，如何选出最能刻画相关结构的 Copula 函数是非常重要的。因此，我们采用 K-S 检验对各 Copula 函数进行拟合优度检验。由表 7 – 3 可知，Frank Copula 不能通过 K-S 检验，而 Gumbel Copula 的 p 值最大，即 Gumbel Copula 的拟合最好。

表 7 – 3　　　　　　Copula 函数的参数估计与 K-S 检验结果

Copula 函数	Clayton Copula	Gumbel Copula	Frank Copula
θ 值	0.9418	1.4708	3.1493
K-S 值	0.2599	0.2579	0.8137
p 值	0.1680	0.1742	0.0000

7.2.4　蒙特卡洛模拟

在债券成熟期内，先利用蒙特卡洛模拟方法模拟出利率路径，然后根据 Copula 函数拟合得到的联合分布模拟出两广地区台风发生频数路径，如图 7 – 1 和图 7 – 2 所示。

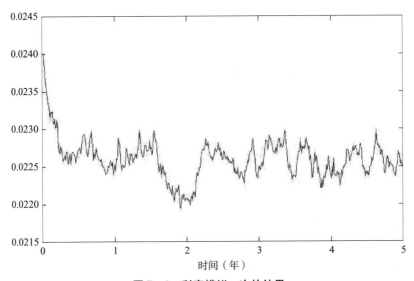

图 7 – 1　利率模拟一次的结果

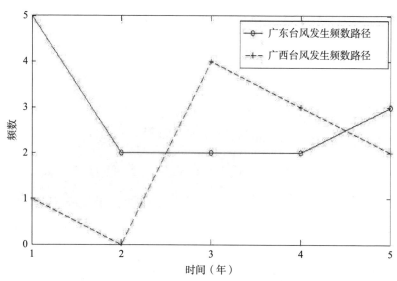

图 7 - 2　发生频数模拟一次的结果

最后由模拟出的频数路径和伽玛分布的独立可加性，就可得到 L_i^1、L_i^2、$\sum_{i=1}^{T} L_i^1$ 和 $\sum_{i=1}^{T} L_i^2$ 所服从的分布，从而由式（7 - 1）可计算出债券价格。如此进行 10000 次模拟时结果趋于稳定。对不同的分层分别计算出的债券价格如表 7 - 4 所示。

表 7 - 4　　　　　　　债券价格分层定价的结果

分层层数	2	3	4	5	6
债券价格	12.9638	21.3477	30.5999	37.5315	45.2325

7.3　定价分析

7.3.1　分层层数与成熟期限对巨灾债券价格的影响

如图 7 - 3 所示，随着成熟期限的增加，巨灾债券的价格随之降低；随着分层层数的增加，债券的价格随之增加。这是因为当成熟期限增加时，债券购买人要求更多的利息，导致债券的价格变低；而层数的增加会使得收回息票和本金的比例以及概率都得到提升，从而使得债券的价格也随之提高。

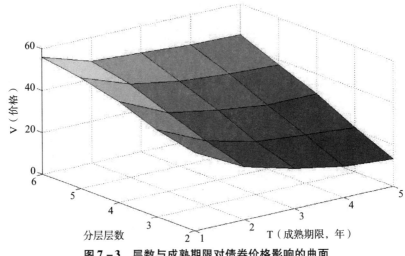

图7–3　层数与成熟期限对债券价格影响的曲面

7.3.2　地区间独立与考虑 Copula 函数对巨灾债券价格的影响

从图7-4可以看出：在成熟期 $T \in [1, 5]$ 内，不考虑相关性时的债券价格要低于考虑相关性时的价格；当 $n = 3$ 时，价格差比率从 -2.06% 变为 -18.98%。显著的价格差表明相关性是影响债券价格的一个重要因素，在巨灾债券定价时如果不考虑相关性，会产生重大的价格偏差。

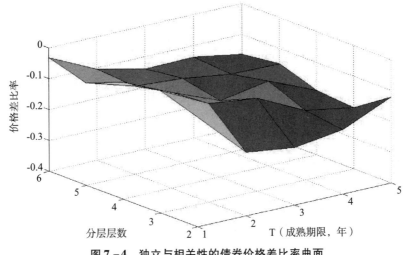

图7–4　独立与相关性的债券价格差比率曲面

7.4　本 章 小 结

　　本章利用广东省和广西壮族自治区 1985～2021 年台风发生损失数据，通过引入 Copula 函数探究两个地区的台风发生规律。以台风经济损失程度为依据，将债券投资者对保险公司承担的风险划分为若干层次，进行分层定价，克服了以往风险承担模式单一的不足，使产品更具吸引力。此外，为了计算债券价格，采用蒙特卡洛模拟方法进行估计。最后，进行了定价分析，研究表明：随着成熟期限 T 的增加，债券价格随之降低；而分层层数的增加又会使债券价格随之提高；不考虑地区相关性的价格要显著低于考虑相关性的价格。这说明，忽视地区巨灾事件发生的相关性会给巨灾债券的定价结果带来很大的误差。因此，在巨灾债券定价时，相关性是一个不容忽视的重要因素。

　　随着区域经济一体化的发展，不同地区之间的联系日益紧密。本章首次考虑不同地区台风发生频数的相关性，构建巨灾债券定价模型，使债券定价更具合理性，也更适合当前一体化的市场需求。

第8章　基于隐马尔可夫模型的台风风险评估与巨灾债券定价研究

近年来，随着隐马尔可夫、神经网络和随机森林等机器学习算法的蓬勃发展，机器学习技术已经广泛地应用于基因序列分析、图像处理和语言翻译等多个领域。国内外已有一些学者将机器学习模型运用到灾害风险评估与预测方面。王菜林等（2018）采用隐马尔可夫模型检测暴雨灾害的年际变化，并结合大连暴雨灾害数据进行实证研究，结果表明隐马尔可夫模型可以有效地用于自然灾害的动态风险评估。考虑到传统调查不仅成本较高，而且无法实时预测，罗伊和哈森（Roy and Hasan，2021）构建了一个输入输出隐马尔可夫模型，根据海量社交媒体推文数据，实时推断巨灾疏散行为，实证表明该方法对巨灾预测疏散需求非常有效。林沛延等（2023）以区县为基本研究单元，将危险性、孕灾环境、暴露性和脆弱性等作为台风风险评估的预测变量，采用机器学习方法 XGBoost 构建了县级台风动态风险预测模型。徐溎等（2023）将暴雨造成的文物损毁情况级别作为输出数据，分别使用随机森林模型、支持向量机模型和逻辑回归模型进行模型训练和验证，检验了基于机器学习的文物暴雨风险评估方法的可行性和优越性。

传统的灾害风险评估预测方法在灾害变量服从的分布假设上有较严格的限制，但在实证研究中灾害损失数据往往很难满足这些假设条件，制约了传统方法在评估灾害风险上的应用。而基于机器学习方法的风险评估预测模型无须建立在严格的统计假设条件下，且具有较高的预测准确度。从文献回顾来看，虽然目前已有不少基于机器学习方法的台风风险评估和预测研究，但很少有应用到台风登陆时最大风力等级和年经济损失额的研究成果，更是未见有关于隐马尔可夫模型的台风巨灾债券应用研究。鉴于此，本章在分析比较国内外相关研究成果的基础上，将隐马尔可夫机器学习方法引入台风风险建模，对隐马尔可夫模型与其他常用机器学习模型的台风风险预测效果进行检验和比较，进而给出将隐马尔可夫方法应用到巨灾债券设计和定价中这一新思路。

8.1　基于隐马尔可夫的台风风险评估模型与巨灾债券定价模型

8.1.1　假设

本章的巨灾债券特征是：（1）跳跃风险是系统的，可使用风险中性估值理论定价；（2）考虑的是付息债券，即按照事先约定，在每年年末向投资者支付一定比例的息票，到期时还要支付所有或部分的本金；（3）每期息票只与当期的台风登陆时的最大风力等级有关，而本金的支付比例取决于成熟期内台风造成的年直接经济损失超过债券触发水平的次数；（4）债券成熟期为 T，R_t 表示第 t 年所有台风登陆时的最大风力等级，L_t 表示第 t 年台风造成的年度经济损失额。

8.1.2　利率期限结构

利率期限结构与债券定价关系密切，在巨灾债券定价过程中，利率模型的选取尤为关键。常见的单利率模型有 Vasicek 利率和 CIR 利率。Vasicek 利率虽具有均值回复项，但不能保证利率恒正。而 CIR 利率不仅可以描述利率均值回复，还能保证利率恒正。鉴于此，本章选用 CIR 利率模型刻画利率期限结构，该短期利率模型如下：

$$dr(t) = \alpha(\mu - r(t))dt + \sigma\sqrt{r(t)}dB(t)$$

其中，α，μ 和 σ 均是正的常数；参数 α 表示均值回复速度，参数 μ 表

示远期利率均值，参数 σ 表示利率波动率；B(t) 表示一个标准的布朗运动。

根据考克斯等（Cox et al., 1985）的相关结论：在风险中性测度 Q 下，期限为 T，面值为 1 的零息巨灾债券在当前 t = 0 时刻的价格 P(0，T) 可写成如下形式：

$$P(0, T) = E^Q \left[\exp\left(-\int_0^T r(t)\,dt \right) \middle| r(0) = r_0 \right] = G(T)\exp(-D(T)r_0)$$

$$(8-1)$$

其中，$G(T) = \left(\dfrac{2\gamma e^{(\alpha_* + \gamma)T/2}}{(\alpha_* + \gamma)(e^{\gamma T} - 1)} \right)^{2\alpha_* \cdot \mu / \sigma^2}$，$D(T) = \dfrac{2(e^{\gamma T} - 1)}{(\alpha_* + \gamma)(e^{\gamma T} - 1) + 2\gamma}$，

$\alpha_* = \alpha + \lambda_r$，$\gamma = \sqrt{\alpha_*^2 + 2\sigma^2}$，$r_0$ 是初始利率，λ_r 是利率风险的市场价格参数，通常是个常数。

8.1.3 隐马尔可夫模型

隐马尔可夫链刻画了状态序列与观测序列间的概率关系，它包含了两个随机序列：一个是由隐藏的马尔可夫链生成的不易观测的状态随机序列，另一个是由各状态生成的易于观测的观测随机序列。如图 8 - 1 所示，$\{y_1, y_2, \cdots, y_t, \cdots\}$ 是隐马尔可夫链的状态序列，$\{x_1, x_2, \cdots, x_t, \cdots\}$ 是由各状态序列生成的观测序列，我们可以通过观测序列对状态序列进行统计推断。

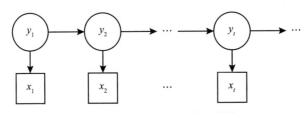

图 8 - 1　隐马尔可夫链的图结构

记 $Q = \{q_1, q_2, \cdots, q_m\}$ 是所有可能隐藏状态的集合，$V = \{v_1, v_2, \cdots, v_n\}$ 是所有可能观测结果的集合。于是，隐马可夫链可以由一个三元组 $\lambda = \{\pi, A, B\}$ 表示，其中 $\pi = (\pi_i)_{1 \times m}$ 是初始时刻隐藏状态的初始概率分布，即 $\pi_i = P(y_1 = q_i)$；$A = (a_{ij})_{m \times m}$ 是状态的一步转移概率矩阵，即 $a_{ij} = P(y_{t+1} = q_j | y_t = q_i)$；$B = (b_{jk})_{m \times n}$ 是不同状态下的观测值条件概率矩阵，即

$b_{jk} = P(x_t = v_k | y_t = q_j)$。

本章分别以历年台风登陆时的最大风力等级和其造成的年度直接经济损失额为隐藏状态和观测值。首先检验隐马尔可夫模型对台风风险预测评估效果优于其他常用机器学习模型，然后应用隐马尔可夫模型进行台风巨灾债券的定价研究。为检验隐马尔可夫模型的预测效果，先运用 Baum-Welch 算法进行模型参数学习，即通过已知的观测序列，估计模型参数 λ，在此基础上再使用 Viterbi 算法进行解码预测，即在给定的观测序列下，寻找最可能出现的对应的状态序列。最后，利用训练好的模型，通过前向算法，计算未来一定期限内各种状态序列与观测序列发生的概率。以上提到的各种算法的具体阐述及其 Matlab 程序代码可见参考文献（2021）。

8.1.4　巨灾债券定价模型

本章考虑的是支付结构与台风登陆时最大风力等级及其经济损失相关联的巨灾债券，其中经济损失与台风登陆时最大风力等级有紧密的关系。为实现巨灾风险对冲，当台风的年度最大登陆风力等级 R_t 超过一定的门限水平 R_* 时，债券投资者将无法从债券息票中获得任何收入，即第 t 年的息票给付额 C_t 的支付结构为：

$$C_t = \begin{cases} C, & R_t \leq R_* \\ 0, & R_t > R_* \end{cases} \qquad t = 1, 2, \cdots, T$$

当台风的年度损失额 L_t 超过相应的损失门限水平 L_* 时，投资者将失去部分甚至全部本金。具体而言，T 年期面值为 F 的巨灾债券在成熟期末的本金 F_T 支付结构为：

$$F_T = \frac{T-i}{T} F$$

其中，i 表示成熟期内 L_t 超过损失门限水平 L_* 的次数。

因为在风险中性测度 Q 下，仅依赖金融变量的事件与仅依赖巨灾风险的变量相互独立，所以 T 年期面值为 F 且浮动息票为 C_t 的巨灾债券在当前 $t = 0$ 时刻的价格 V 为：

$$V = E^Q \left[\sum_{t=1}^{T} e^{-\int_0^t r(s)ds} C_t + e^{-\int_0^T r(s)ds} F_T \right]$$

$$= \sum_{t=1}^{T} E^Q \left[e^{-\int_0^t r(s)ds} \right] E^Q [C_t] + E^Q \left[e^{-\int_0^T r(s)ds} \right] E^Q [F_T]$$

又因为损失过程从客观概率变为风险中性测度的过程中依然保持最初的结构特征，所以由式（8-1）有：

$$V = \sum_{t=1}^{T} G(t) e^{-D(t)r_0} E[C_t] + G(T) e^{-D(T)r_0} E[F_T] \qquad (8-2)$$

其中，$G(t) = \dfrac{2(e^{\gamma t} - 1)}{(\alpha_* + \gamma)(e^{\gamma t} - 1) + 2\gamma}$，$D(t) = \dfrac{2(e^{\gamma t} - 1)}{(\alpha_* + \gamma)(e^{\gamma t} - 1) + 2\gamma}$

8.2 实证分析

8.2.1 数据来源

本章以我国大陆地区 1989～2022 年台风登陆时最大风力等级及其造成的年直接经济损失额为研究对象，数据来源于《中国统计年鉴》《中国海洋生态环境状况公报》和国家减灾网①。由于原始数据中的台风历年年经济损失额都是当年的实际经济损失，为了满足不同年份的经济损失数据具有可比性，需要去除通货膨胀的影响。下文提到的台风年经济损失额均是指以 2022 年为基期，通过 GDP 调整法调整后所得的损失数据。

由图 8-2 可知，随着我国经济和科技的快速发展，工业建设和灾害预测能力均不断增强，因此 1989～2022 年台风年经济损失数据呈先快后慢的下降趋势。相对来说，台风年经济损失额在 1989～1999 年处于较高水平，在 2000～2010 年处于一般水平，在 2011～2022 年处于较低水平。如图 8-3 至图 8-5 所示，在三种不同水平里，台风登陆时最大风力等级与年经济损失额表现出了相似的波动变化规律，这也表明本章将台风登陆时的最大风力等级作为隐藏状态，同时把年经济损失额作为不同状态下的观测序列是符合台风灾害现实情况的。为了提高预测准确度，本章对这三种台风年经济损失水平分别进行隐马尔可夫的建模分析。

---

① https：//www. ndrcc. org. cn/。

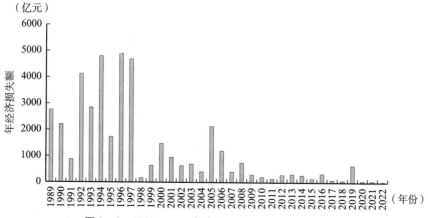

图 8 - 2　1989 ~ 2022 年台风历年经济损失额趋势图

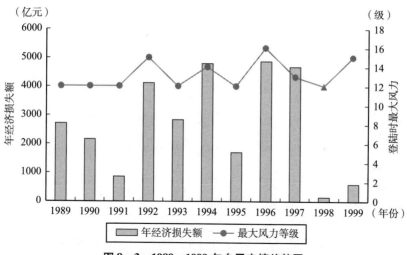

图 8 - 3　1989 ~ 1999 年台风灾情趋势图

8.2.2　隐马尔可夫模型的构建

从隐马尔可夫模型预测精度的角度看，状态区间和观测区间划分越细越好。但由于台风巨灾数据的样本容量较小，为给隐马尔可夫算法提供足够的学习样本，本章将状态数和观测数都取 2 个。发行巨灾债券的主要目的是分散极端灾害所造成的重大损失。对于台风而言，主要关注超强台风及台风造成巨大损失的发生与否，因此本章按照中国气象局《关于实施热带气旋等级国家标准》，将最大登陆风力 16 级设定为台风风力等级的门限值，即 $R_* = 16$。

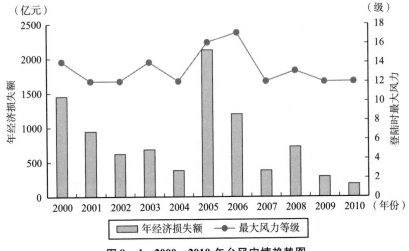

图 8 - 4 2000 ~ 2010 年台风灾情趋势图

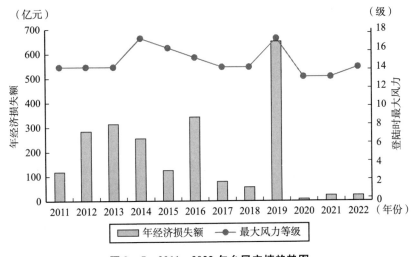

图 8 - 5 2011 ~ 2022 年台风灾情趋势图

若第 t 年的最大登陆台风风力等级 R_t 达到 16 级或以上，则将该年的台风等级记为隐藏状态 2，其余等级台风全部记为隐藏状态 1。同时，取各年限区间内的最大年经济损失额的 80% 作为经济损失的门限水平 L_*。

分别以 1989 ~ 1999 年、2000 ~ 2010 年和 2011 ~ 2022 年三个年限区间里的台风数据作为初始参数，使用 Baum-Welch 算法估计模型参数 $\lambda_i = \{\pi_i, A_i, B_i\}$，i = 1，2，3，具体结果如下：

$$\pi_1 = (1,\ 0),\ A_1 = \begin{pmatrix} 0.9803 & 0.0197 \\ 1 & 0 \end{pmatrix},\ B_1 = \begin{pmatrix} 0.6477 & 0.3523 \\ 0 & 1 \end{pmatrix};$$

$$\pi_2 = (0.9834,\ 0.0166),\ A_2 = \begin{pmatrix} 0.8710 & 0.1290 \\ 0.8695 & 0.1305 \end{pmatrix},\ B_2 = \begin{pmatrix} 1 & 0 \\ 0.2360 & 0.7640 \end{pmatrix};$$

$$\pi_3 = (0.9288,\ 0.0712),\ A_3 = \begin{pmatrix} 0.8238 & 0.1762 \\ 0.8369 & 0.1631 \end{pmatrix},\ B_3 = \begin{pmatrix} 1 & 0 \\ 0.4964 & 0.5036 \end{pmatrix}。$$

只有当巨灾风险的预测结果与实际结果比较接近时，根据巨灾风险设计的巨灾债券触发机制以及在此基础上计算出的债券合理价格，才能对巨灾风险进行有效管理与分散。下面，我们比较隐马尔可夫模型和其他常用机器学习方法在台风登陆时最大风力等级状态上的预测结果，以检验本章所构建模型的有效性。

如表 8 - 1 所示，以台风年经济损失额为观测值，用隐马尔可夫模型预测台风最大登陆风力等级状态的效果要优于其他常用机器学习模型。这表明，本章通过隐马尔可夫理论建立台风风险评估模型，再结合机器学习算法给出台风巨灾债券定价是可行的。

表 8 - 1　　　　　　　1989～2022 年台风登陆时最大风力等级
实际状态与预测状态比较

年份	实际状态	隐马尔可夫	随机森林	XGBOOST	支持向量机	神经网络
1989	1	1	1	1	1	1
1990	1	1	1	1	1	1
1991	1	1	1	1	1	1
1992	1	1	2	1	2	2
1993	1	1	1	1	1	1
1994	1	1	2	1	2	2
1995	1	1	1	1	1	1
1996	2	1	2	1	2	1
1997	1	1	1	1	2	2
1998	1	1	1	1	1	1
1999	1	1	1	1	1	1
2000	1	1	1	1	1	1

年份	实际状态	隐马尔可夫	随机森林	XGBOOST	支持向量机	神经网络
2001	1	1	1	1	1	1
2002	1	1	1	1	1	1
2003	1	1	1	1	1	1
2004	1	1	1	1	1	1
2005	2	2	2	1	2	2
2006	2	1	1	1	2	1
2007	1	1	1	1	1	1
2008	1	1	1	1	1	1
2009	1	1	1	1	1	1
2010	1	1	1	1	1	1
2011	1	1	1	1	1	1
2012	1	1	1	1	1	1
2013	1	1	1	1	1	1
2014	2	1	1	1	1	1
2015	2	1	2	1	1	1
2016	1	1	1	2	2	1
2017	1	1	1	1	1	1
2018	1	1	1	1	1	1
2019	2	2	1	2	2	2
2020	1	1	1	1	1	2
2021	1	1	1	1	1	1
2022	1	1	1	1	1	1
准确率	—	88.24%	85.29%	82.35%	82.35%	76.47%

8.2.3 定价实例

设台风巨灾债券于 2023 年 1 月发行，本金 $F = 100$，息票 $C = 10$，成熟期 $T = 3$。参考已有文献的 CIR 利率模型参数估计结果，设初始利率 $r_0 = 0.03$，$\alpha = 0.0098$，$\mu = 0.03$，$\sigma = 0.02$，$\lambda_r = -0.01$。

利用 8.2.2 节基于 2011～2022 年台风灾害数据实证所得的隐马尔可夫

模型参数 $\lambda_3 = \{\pi_3, A_3, B_3\}$，可知模型隐藏状态的一步、两步和三步转移概率矩阵分别如下：

$$A_3 = \begin{pmatrix} 0.8238 & 0.1762 \\ 0.8369 & 0.1631 \end{pmatrix}, \quad A_3^2 = \begin{pmatrix} 0.8261 & 0.1739 \\ 0.8260 & 0.1740 \end{pmatrix}, \quad A_3^3 = \begin{pmatrix} 0.8261 & 0.1739 \\ 0.8261 & 0.1739 \end{pmatrix}。$$

再根据 2022 年的隐藏状态为 1，计算可得 2023 ~ 2025 年台风登陆时最大风力等级状态的概率分布律，结果可见表 8 - 2。

表 8 - 2　　　　　　台风登陆时最大风力等级状态的概率分布律

随机事件	$y_1 = 1$	$y_1 = 2$	$y_2 = 1$	$y_2 = 2$	$y_3 = 1$	$y_3 = 2$
概率	0.8238	0.1762	0.8261	0.1739	0.8261	0.1739

此外，基于训练好的隐马尔可夫模型 λ_3，我们还可以应用前向算法，计算未来 3 年内各种可能出现的观测序列发生概率。如表 8 - 3 所示，债券成熟期内，台风年经济损失额每年都超过触发值 L_* 的概率为 0.0003，有 2 年超出的概率为 0.0126，仅有 1 年超出的概率为 0.1857，全部未超出的概率为 0.8014。

表 8 - 3　　　　　　　　台风年经济损失额分布律

观测序列	(1, 1, 1)	(2, 1, 1)	(1, 2, 1)	(1, 1, 2)	(2, 2, 1)	(2, 1, 2)	(1, 2, 2)	(2, 2, 2)
概率	0.8014	0.0300	0.0783	0.0774	0.0027	0.0029	0.0070	0.0003

由表 8 - 2 计算可得 3 年期内各年末债券息票期望给付额分别为：$E[C_1] = 8.2380$，$E[C_2] = 8.2610$，$E[C_3] = 8.2610$。同理，由表 8 - 3 可知，债券到期时本金支付额为：$E[F_T] = 92.9400$。将以上计算结果全部代入巨灾债券定价公式（8 - 2），得债券价格 $V = 98.1322$。

8.3　本 章 小 结

本章为台风风险评估提供了一个新的思路，即构建隐马尔可夫模型，以台风年直接经济损失额为观测序列，预测台风登陆时最大风力等级状态。与其他常用机器学习方法相比，这种解决思路以台风最大风力等级会显著影响台风直接经济损失的客观事实为依据，以隐马尔可夫理论为建模基础，通过 Baum-Welch 和 Viterbi 进行计算，以较高的准确率预测了我国 1989～2022 年台风登陆时最大风力等级状态。在此基础上，设计了以台风登陆时最大风力等级和台风年经济损失额为触发指标的双事件触发有息巨灾债券，并在利率服从 CIR 随机利率模型的条件下，利用前向算法给出了债券的合理价格。这为台风风险评估与台风巨灾债券发行提供了一个新方法，可以为我国的巨灾风险管理提供参考，有利于提升保险公司的安全经营水平。

第9章 政策建议

长期以来，我国巨灾风险的分散模式具有明显的"举国体制"特征。巨灾保险和再保险体系作为巨灾风险分散的一种制度安排，但是分散巨灾风险的能力却很有限。而资本市场却可以轻松消化巨灾损失，成为巨灾风险分散的重要途径。为了提高巨灾债券在分散巨灾风险方面的能力，改变国家为巨灾买单的现状，笔者认为应从以下四个方面着手。

9.1 建立巨灾数据库

数据是科学研究的基础，没有客观而完整的数据，一切研究都无从谈起。比如在巨灾债券的定价研究中，巨灾损失指数触发值的设定起到重要作用，而触发值通常是通过巨灾造成的历史数据进行设定的。

巨灾包含了自然灾害和人为灾害，由于灾害种类较多，涵盖了地震、洪灾、旱灾、台风和海啸等，其数据收集、整理工作是非常繁重的。以洪灾数据的收集整理为例，我国洪涝灾害的成因按照地理形态可划分为山地丘陵区、平原地区和滨海地区。这些地区的气候和地面条件差别很大，洪涝灾害的成因也不同。另外，由于我国统计制度的变迁，在数据的整理过程中发生数据失真的情况在所难免。还有些数据年代久远，亦会有所缺失。因而在数据整理过程中，需要对各种数据来源进行斟酌，再决定是否使用。目前，巨灾数据的收集和整理主要依赖于相关年鉴、网站提供的数据库以及杂志。由于巨灾数据来源广泛，不同资料来源的数据侧重点不同，统计口径不一致，这都给巨灾数据库的建立带来了较大的困难。

由于巨灾发生地区经济水平、人口密度等不同，相同规模的巨灾造成的后果也可能有天壤之别。民政部门作为政府机构，对于巨灾造成的经济损失、人口伤亡等数据的收集具有优势，拥有最权威、最可靠的巨灾损失数据。由民政部门发起，再联合保险机构，容易建立起一个真实、完整的巨灾损失数据库，以尽可能降低保险公司的道德风险。

国外的巨灾数据库大多数是通过编制巨灾保险损失指数（如美国的 PCS 指数）来综合反映巨灾的各类影响因素。我国也可以借鉴此举，编制适合我国巨灾情况的保险损失指数。全面而准确的巨灾基础数据将有助于巨灾债券运行机构掌握各地区巨灾的发生频率、损失金额等，从而更加合理地制定巨灾债券的价格。此外，权威的巨灾数据库还能帮助巨灾债券的投资人做出科学的投资决策。总之，一个完整而权威的巨灾数据库对于提高巨灾债券的分散水平有重要作用。

9.2　提高巨灾保险水平

从前文的分析可知，巨灾债券的运行是以巨灾保险为基础，脱离了巨灾保险的巨灾债券就像少了地基的高楼大厦无从谈起。巨灾保险的发展决定了巨灾债券的发展，同时巨灾债券作为巨灾风险的分散途径，又能反向促进巨灾保险水平的提高。

9.2.1　完善巨灾保险制度

巨灾保险是一个浩大的系统工程，涉及政府、保险公司、巨灾再保险公司等多个组织。要想提高巨灾保险的水平，需要调动各组织的力量，政府要做好牵头工作，主动承担相应的保险责任。

早在 2006 年，我国就颁布了《国家自然灾害救助应急预案》，详细规定了巨灾发生后各部门救助的程序。以 2008 年的汶川地震救灾为例，在地震发生的第一时间，国家迅速制订救灾方案，大量救灾部队迅速到达灾区，国家也从财政中拨款用于当地居民救灾，并从周边地区派送救灾物资和药品等到汶川。不论是反应速度、执行效率还是救灾力量，都得到全国乃至世界的一致肯定。但是，这不能掩盖我国巨灾保险制度的问题。从上述例子中可以看到，在我国巨灾的保障方面，政府和社会救助是中坚力量，巨灾保障模式过于单一，不利于政府和财政的稳定发展，更不利于促进灾害救助的公平和效率。

借鉴美国、日本和法国等发达国家的巨灾保险制度的成功经验，一个真正好的巨灾债券制度应该是政府和市场合作的模式。在巨灾保险建立初期，需要政府相关部门的介入和领导，确保制度的总体思路和框架协调。此外，由于巨灾风险的特殊性，巨灾具有公共产品属性且具有正的外部性，在初期离不开政府的财政投入和扶持（卓志，2016）。政府有必要建立完善的财政税收优惠制度，给予经营巨灾保险的公司一定的税收优惠政策。之后，随着巨灾保险制度的发展，市场即保险公司可以独立承担经营和管理业务，政府此时需要从保障工作中逐渐退出，将巨灾保险定价、费率设定等工作交给保险公司完成，增强其主动性。

随着我国经济水平的提高和政府职能转变的加快，我国已经基本具备了建立巨灾保险制度的条件。在巨灾保险制度的建立过程中，遵循由政府主导进行顶层设计，确保制度的系统和完整。在此基础上，导入市场机制，充分发挥保险公司的作用，确保巨灾保险制度的高效运行。

9.2.2　完善巨灾保险的立法

美国是一个洪水频发的国家，是世界上巨灾保险法制最为健全的一个国家。早在 1968 年，美国国会就通过了《国家洪水保险法》（*The National Flood Insurance Law*），该法案的目的是使美国消费者可以负担得起其巨灾保险的费用，解决由于巨灾损失不断攀升，保险和巨灾债券公司不断提高巨灾保费的问题。之后在 1973 年又出台了《洪水灾害防御法》（*Flood Disaster Prevention Law*），该法案明确规定了将包括与洪水相关的地震、海啸等灾害都纳入保险赔偿范畴。在美国，40% 的保费都与巨灾有关，洪灾保险是美国的第二大社会保险项目，仅次于养老保险。而美国的洪灾保险制度之所以能不断完善，根本上是因为有了法律的保障。美国的洪灾法案不断修订，使得其更加适合美国国情，更符合洪灾保险人的利益。我国可以以此为借鉴，为巨灾保险提供强有力的法律支持，使得巨灾保险成为强制保险。在法律条文中，要明确巨灾保险制度的基本形式、运作机制等内容。通过巨灾保险立法，推行强制保险，要求企业或个人购买巨灾保险保单，这可以间接地增加保费金额，使得巨灾发生时有足够的资金赔付。此外，通过巨灾保险立法，公众对巨灾保险的信任度增强，有利于包括地震、洪灾在内的巨灾保险的推广。

9.3　建立全面的巨灾债券服务体系

巨灾债券是保险市场和资产市场结合的新型证券化产品，它能在最短时间内为灾区调动较大数额的资金，以最快的速度帮助灾区重建，恢复生产生活，从而把巨灾损失降到最低。但由于巨灾债券涉及的组织较多，其定价、发行和风险评估都比一般的金融资产复杂。因此，建立一个全面的巨灾债券服务体系非常有必要。

发达国家的巨灾债券已经较为成熟，成为巨灾保险市场的重要力量，有效降低了承保巨灾保险的公司财务压力。然而，由于我国的国情、保险制度环境等因素，我国的巨灾债券才刚刚起步，分散巨灾风险的能力还未显现。当前，我国已经具备发行巨灾债券的条件，亟须由政府牵头，联合保险公司和巨灾再保险公司，借助国外发行巨灾债券的成功经验，推动巨灾债券的发行。

巨灾债券的触发机制可以是指数化的触发机制和实际损失触发机制。它们都存在各自的优缺点，可能会发生基差风险或道德风险。一些保险机构可能会为了获取更多的收益放松对巨灾风险的管理，从而使受灾损失超过触发值，使得投资者的利益受损，这将非常不利于巨灾债券市场的健康发展。因此，作为监管者的政府部门应加大监管力度，进行严格审查，公开披露巨灾损失情况，保证巨灾损失的真实可信，尽可能减少道德风险。

巨灾债券具有市场竞争力的一个重要因素是有评级机构的参与。借鉴国际保险公司发行巨灾债券的经验，联合具有公信力的评级机构，如会计师事务所、审计事务所等，监督债券发行的财务风险，对债券进行合理科学的评级。这样可以减少信息不对称，增强投资者对债券的信心。

9.4　发行交叉风险的巨灾债券

为了避免巨灾债券的投资者遭受双重风险（道德风险和基差风险），需要考虑地区的差异性等因素，交叉分散巨灾风险。应根据我国各地区的地质状况、经济水平和人口特征等，有针对性地收取保费、设定发行债券的价格、利息收益率、巨灾债券种类等。

举个例子，我国的西部地区经常发生地震灾害，我们可以选择在这些地区发行地震巨灾债券产品；而我国的广东、福建、浙江地区，台风频繁发生，我们可以在这些地区发行台风巨灾债券产品。此外，可以选择交叉出售不同类别的巨灾产品，如在东部沿海地区出售西部地区的地震巨灾债券产品，而在西部地区出售东部沿海地区的台风巨灾债券产品，充分利用地区间的弱相关性分散巨灾风险。

所谓欲速则不达，我国的巨灾债券才刚刚起步，不能企图全面快速地在全国开展巨灾债券业务，需要根据发行巨灾债券的地区紧迫性进行试点，逐步开展巨灾债券业务。仍以地震巨灾为例，四川地区经常发生地震，面临很高的地震巨灾风险。而成都作为四川乃至西部的区域性金融中心，人口密度大，一旦发生大强度的地震，损失将不可估量。因此，可考虑让成都地区先行，发行地震巨灾债券。

第 10 章　研究结论与未来展望

　　巨灾风险具有发生频率低但破坏力极强的特征，能否管理好巨灾风险直接关系到一个国家或地区的经济发展。巨灾债券作为一种创新的金融衍生工具，在分散巨灾风险方面具有重要的作用。本书在总结当前巨灾债券定价成果的基础上，按照单事件触发、双事件触发和多事件触发的思路，采用 POT 模型和 Copula 函数对巨灾债券定价模型进行较为深入的研究，得到以下结论。

10.1　研　究　结　论

　　(1) 针对现有研究多是直接将 POT 模型应用于巨灾债券的定价研究，而忽视了模型的验证环节，本书先利用 KS 检验和 AD 检验，从常用的厚尾分布中选出对巨灾损失拟合效果最好的分布，再将该分布与 POT 模型进行 VaR 估计效果的回测检验。通过采用全球洪水损失数据的死亡人数进行实证分析，结果表明常用分布中只有韦布尔分布可以通过检验；而回测检验结果又说明 POT 模型对巨灾风险的估计效果要优于韦布尔分布。然后利用 POT 模型的厚尾拟合优势，研究单事件触发巨灾债券定价，并进行定价实例和敏感度分析。敏感度分析结果表明，触发值、期限和利率等因素对巨灾债券价格具有显著的影响，在构建债券定价模型时需要充分考虑这些因素。

　　(2) 现有关于双事件触发巨灾债券定价的文献，在设置事件的触发值时，都是分别按各自数据的历史分位点给定，而未考虑由于事件之间的相关关系所带来的触发值之间的相关关系，这显然是不合理的。本书利用 Copula 函数刻画巨灾变量之间的相依结构，计算出巨灾风险的 CVaR 值。把求出的

CVaR 值应用到巨灾事件触发值的设定中，并构建基于 Copula-POT 模型的双事件触发巨灾债券定价模型。通过对债券价格的敏感度分析发现，未考虑触发值间相关关系会低估债券价格，考虑触发值的相关关系的取法更合理，这验证了考虑触发值相关关系的合理性。

（3）考虑到还未有三个及三个以上巨灾变量的巨灾债券定价研究，本书引入藤 Copula 模型进行多事件触发巨灾债券定价研究。多事件触发巨灾债券定价中，触发值的相关性也需要考虑。本书应用藤 Copula 模型刻画巨灾损失变量间的相关结构，并实现了对多变量的 CVaR 估计，将 CVaR 应用到触发值的设定中。为了凸显藤 Copula 的拟合优势，通过核密度估计检验法从多元常用 Copula 中选出最优的 Copula 作为比较对象，回测检验表明：藤 Copula 模型的估计效果明显优于常用最优多元 Copula 模型。基于藤 Copula 的拟合优势，利用藤 Copula 模型对多事件的巨灾债券进行定价研究并进行敏感度分析。

（4）基于连续时间动态模型，首先在期末财富指数效用的期望值最大化目标下，利用随机控制原理获得了不投资巨灾债券情况下的买方（投资者）连续时间最优投资策略。其次，在金融市场与巨灾风险独立的假设下，根据无差异定价基本原则，给出了具有特定支付结构的巨灾债券无差异价格的显式解。最后，对所得无差异价格进行实例计算和主要参数的敏感度分析，验证了所采用模型的合理性和有效性。

（5）利用 1985～2021 年广东省和广西壮族自治区台风灾害损失数据，构建了与两广地区台风经济损失相关的巨灾债券定价模型。采用 Gumbel Copula 函数描述两广地区台风发生频数的相关性，并针对不同风险偏好的投资者，采用分层技术进行分层定价，形成有差别的风险承担价格。用蒙特卡洛模拟方法对利率和台风频数路径进行模拟，计算出不同层次的债券价格，并分析了不同因素对巨灾债券价格的影响，使巨灾债券定价更具合理性，也更适合当前一体化的市场需求。

（6）针对台风风险特征，构建了隐马尔可夫模型，以台风年经济损失额为观测序列，预测台风登陆时最大风力等级状态，进而采用风险中性测度技术，在 CIR 随机利率期限结构下，给出了有息巨灾债券定价公式。结合我国 1989～2022 年台风灾害损失数据进行实证分析，结果表明：隐马尔可夫模型的台风风险评估预测效果优于其他常用机器学习模型，所建立的定价模型具有可行性。

本书构建的单事件触发巨灾债券、双事件触发巨灾债券和多事件触发巨灾债券的触发概率不同。考虑不同指标、不同地区之间的相关性，可以有效地满足市场对不同风险债券的需求，丰富债券市场的产品层次，具有广泛的应用价值和政策性推广前景。

10.2 未来展望

本书采用极值理论、二元 Copula 和藤 Copula 模型研究巨灾债券定价，也得到一些有意义的研究成果，但不可否认，研究还存在不足之处和需要改进的地方，总结如下。

（1）本书建立的二元 Copula 模型和藤 Copula 模型都停留在静态 Copula 状态，并没有考虑巨灾变量随着时间变化而相应的 Copula 参数也要进行相应改动。利用动态的时变 Copula 和更一般的 R 藤 Copula 来刻画巨灾变量间的相关结构，是未来的研究工作。

（2）极值理论主要有 BMM 模型和 POT 模型，本书全部采用当前主流的 POT 模型对巨灾风险的尾部进行拟合。但是，极值理论中的 POT 方法一般是事先选取某一固定的触发值，使其无法刻画动态的尾部变化情况。利用随机触发值法（PORT）改进尾部的拟合效果，对损失过程的尾部数据进行更加精确的动态估计，是下一步的研究工作。

（3）巨灾定价模型中，本书选取的数据都是来自全球洪水损失数据库，而没有使用国内的巨灾数据库。目前，我国缺乏巨灾数据的完整性统计和整理，尤其是一些历史数据丢失，导致无法直接使用国内的巨灾统计数据。为了更好地研究巨灾债券，政府相关部门要建立起完整、权威的数据库。包括巨灾的发生频率、经济损失以及其他各项损失指标的权威数据，使巨灾债券的评估价格更加准确，使资本市场的投资者做出理性、正确的投资决策，进而推动我国保险业的健康快速发展，减轻国家财政压力。

附　　录

双事件触发巨灾债券蒙特卡洛模拟结果

install. packages(c(" ismev" ," evir" ," qualityTools" ," fBasics" ," copula" ," MASS" ," ADGofTest"))

#同时安装"ismev"、"evir"、"qualityTools"、"fBasics"、"copula"、"MASS"和"ADGofTest"包

library(ismev)　#载入"ismev"包

library(evir)　#载入"evir"包

library(qualityTools)　#载入"qualityTools"包

library(fBasics)　#载入"fBasics"包

library(copula)　#载入"copula"包

library(MASS)　#载入"MASS"包

library(ADGofTest)　#载入"ADGofTest"包

economic_affect < − read. csv (" E：\ \ \ \data. csv" , header = T)　#载入数据,并进行赋值

economic_affect < − as. matrix (economic_affect)　#转换为矩阵

economic < − economic_affect[,1]/1000000　#经济损失数据采用单位：百万美元

affect < − economic_affect[,2]/10000　#受灾面积数据采用单位：百平方千米

```
basicStats(economic)        #得到经济损失数据的描述性特征
basicStats(affect)          #得到受灾面积数据的描述性特征


qqPlot(economic,"exponential",confbounds = F,border = "black",xlab =
"Quantiles for x")    #绘制经济损失数据的指数 QQ 图
qqPlot(affect,"exponential",confbounds = F,border = "black",xlab =
"Quantiles for y")    #绘制受灾面积数据的指数 QQ 图
hill(economic)   #绘制经济损失数据的 Hill 图
hill(affect))    #绘制受灾面积数据的 Hill 图


gpd. fitrange(economic,640,800,nint = 50)   #绘制经济损失数据的修正
尺度及形状参数图
gpd. fitrange(affect,12,28,nint = 50)   #绘制受灾面积数据的修正尺度及
形状参数图


economic. gpd = gpd. fit(economic,720)   #利用 GPD 模型对经济损失数
据进行最大似然拟合
gpd. diag(economic. gpd)   #利用 gpd. fit 的结果,做平稳 GPD 模型的诊
断图
affect. gpd = gpd. fit(affect,20)   #利用 GPD 模型对受灾面积数据进行最
大似然拟合
gpd. diag(affect. gpd)   #利用 gpd. fit 的结果,做平稳 GPD 模型的诊断图


out_economic <- gpd(economic,720)
plot(out_economic)
out_affect <- gpd(affect,20)
plot(out_affect)
#绘制 GPD 模型与超出分布拟合图、分布尾部拟合图、模型残差图和模型
残差的 QQ 图


economic_u <- economic. gpd $ threshold
affect_u <- affect. gpd $ threshold
```

economic_n <- economic. gpd $ nexc

affect_n <- affect. gpd $ nexc

economic_beta <- economic. gpd $ mle[1]

affect_beta <- affect. gpd $ mle[1]

economic_xi <- economic. gpd $ mle[2]

affect_xi <- affect. gpd $ mle[2]

#将阈值、超过阈值的数据个数、尺度参数和形状参数分别进行赋值

economic_Fn <- ecdf(economic)　　#生成经济损失的分布函数

economic_Fn_value <- economic_Fn(economic)

economic_Fn_value[economic > economic_u] <- economic_Fn(economic_u) + (1 − economic_Fn(economic_u)) * pgpd(economic[economic > economic_u] − economic_u, xi = economic_xi, mu = 0, beta = economic_beta)

#分别对阈值以下和以上的经济损失数据进行的概率积分变换(即求分布函数值)

affect_Fn = ecdf(affect)　　#生成受灾面积的分布函数

affect_Fn_value = affect_Fn(affect)

affect_Fn_value[affect > affect_u] <- affect_Fn(affect_u) + (1 − affect_Fn(affect_u)) * pgpd(affect[affect > affect_u] − affect_u, xi = affect_xi, mu = 0, beta = affect_beta)

#分别对阈值以下和以上的受灾面积数据进行的概率积分变换(即求分布函数值)

economic_affect_Fn_value = cbind(economic_Fn_value, affect_Fn_value)

　　#生成联合分布函数值

gumbel_fit. tau <- fitCopula(gumbelCopula(dim = 2), economic_affect_Fn_value, method = "ml")

#利用联合分布函数值进行 gumbelCopula 的最大似然估计

gumbel_parameter <- coef(gumbel_fit. tau)

#将 gumbelCopula 参数的最大似然估计值进行赋值

clayton_fit. tau <－fitCopula(claytonCopula(dim = 2) , economic_affect_Fn_value , method = " ml")

#利用联合分布函数值进行 claytonCopula 的最大似然估计

clayton_parameter <－coef(clayton_fit. tau)

#将 claytonCopula 参数的最大似然估计值进行赋值

frank_fit. tau <－fitCopula(frankCopula(dim = 2) , economic_affect_Fn_value , method = " ml")

#利用联合分布函数值进行 frankCopula 的最大似然估计

frank_parameter <－coef(frank_fit. tau)

#将 frankCopula 参数的最大似然估计值进行赋值

######以下是 gumbel Copula 的 KS 检验和 AD 检验

gumbel. cop <－gumbelCopula(gumbel_parameter , dim = 2)

gumbel_Fn_value <－pCopula(economic_affect_Fn_value , gumbel. cop)

gumbel_Fn_value_partial <－ gumbel_Fn_value ∗ ((－ log(economic_Fn_value)) ^gumbel_parameter + ((－ log(affect_Fn_value))) ^gumbel_parameter) ^(1/gumbel_parameter － 1) ∗ (－ log(economic_Fn_value)) ^(gumbel_parameter － 1) /economic_Fn_value

ks. test(gumbel_Fn_value_partial , " punif" , 0 , 1)

ad. test(gumbel_Fn_value_partial , punif , 0 , 1)

######以下是 clayton Copula 的 KS 检验和 AD 检验

clayton. cop <－claytonCopula(clayton_parameter , dim = 2)

clayton_Fn_value <－pCopula(economic_affect_Fn_value , clayton. cop)

clayton_Fn_value_partial <－ clayton_Fn_value^(1 + clayton_parameter) ∗ (economic_Fn_value) ^(－ clayton_parameter － 1)

ks. test(clayton_Fn_value_partial , " punif" , 0 , 1)

ad. test(clayton_Fn_value_partial , punif , 0 , 1)

######以下是 frank Copula 的 KS 检验和 AD 检验

frank. cop <－frankCopula(frank_parameter , dim = 2)

frank_Fn_value <- pCopula(economic_affect_Fn_value, frank. cop)

frank_Fn_value_partial <- exp(frank_parameter * frank_Fn_value) * exp(-frank_parameter * economic_Fn_value) * (exp(-frank_parameter * affect_Fn_value) - 1)/(exp(-frank_parameter) - 1)

ks. test(frank_Fn_value_partial, "punif", 0, 1)

ad. test(frank_Fn_value_partial, punif, 0, 1)

#########由于无现成的均匀分布 QQ 图包可以下载,以下自行编写函数

unif_qq <- function(x) {

x_srt <- sort(x);

n_x <- length(x);

ct <- seq(from = 0. 5/n_x, to = 1 - 0. 05/n_x, by = 1/n_x);

unif_quanti <- qunif(ct, 0, 1);

plot(x_srt, unif_quanti, xlab = "Quantiles for partial derivative of Gumbel Copula", ylab = "Quantiles from 'uniform' distribution");

partial derivative of gumbel copula

y1 <- qunif(0. 25, 0, 1);

y2 <- qunif(0. 75, 0, 1);

x1 <- quantile(x_srt, 0. 25, names = FALSE); x2 <- quantile(x_srt, 0. 75, names = FALSE);

k = (y2 - y1)/(x2 - x1);

abline(y1 - k * x1, k, col = 'red', lwd = 2)

} #绘制均匀分布 QQ 图的函数编写完成

unif_qq(gumbel_Fn_value_partial)

#利用编写的函数绘制 gumbel Copula 偏导数的均匀分布 QQ 图

参数敏感度分析

########不同置信水平下的 CVaR 值

y <- quantile(affect, 0. 75, type = 4, names = FALSE)   #变量 y 取历史数据

的 0.75 分位点

CVaR_fun_p < - function(p) |　#开始编写计算不同置信水平下的 CVaR 函数

p < - p

Gy < - c(affect_Fn(y[y < = affect_u]), 1 - affect_n * (1 + affect_xi * (y[y > affect_u] - affect_u)/affect_beta)^(- 1/affect_xi)/length(affect))

x < - seq(from = min(economic), to = max(economic), length = 10000)

Hx < - c(economic_Fn(x[x < = economic_u]), 1 - economic_n * (1 + economic_xi * (x[x > economic_u] - economic_u)/economic_beta)^(- 1/economic_xi)/length(economic))

A < - (- log(Hx))^gumbel_parameter + (- log(Gy))^gumbel_parameter

condition_F < - exp(- A^(1/gumbel_parameter)) * A^((1 - gumbel_parameter)/gumbel_parameter) * (- log(Gy))^(gumbel_parameter - 1)/Gy

x[which. min(abs(condition_F - p))]

|　####函数编写结束

p < - c(0.75, 0.85, 0.90, 0.95, 0.99)　#将 0.75, 0.85, 0.90, 0.95, 0.99 赋值给向量

CVaR < - numeric(length(p))

for (i in 1:length(p)) |

CVaR[i] < - CVaR_fun_p(p[i])

|

plot(p, CVaR, xlab = expression(p), ylab = "CVaR", type = 'o')　#利用函数画不同置信水平的 CVaR 图

########不同 y 下的 CVaR 值

p < -0.75　#置信水平

gumbel_fit. tau < - fitCopula(gumbelCopula(dim = 2), economic_affect_Fn_value, method = "ml")

gumbel_parameter < - coef(gumbel_fit. tau)

```
CVaR_fun_y <- function(y){    ####开始编写计算不同 y 下的 CVaR 函数
    y <- y
    Gy <- c(affect_Fn(y[y <= affect_u]),1 - affect_n * (1 + affect_xi * (y[y >
affect_u] - affect_u)/affect_beta)^( -1/affect_xi)/length(affect))
    x <- seq(from = min(economic),to = max(economic),length = 10000)
    Hx <- c(economic_Fn(x[x <= economic_u]),1 - economic_n * (1 + eco-
nomic_xi * (x[x > economic_u] - economic_u)/economic_beta)^( -1/economic_
xi)/length(economic))
    A <- ( -log(Hx))^gumbel_parameter + ( -log(Gy))^gumbel_parameter
    condition_F <- exp( -A^(1/gumbel_parameter)) * A^((1 - gumbel_pa-
rameter)/gumbel_parameter) * ( -log(Gy))^(gumbel_parameter - 1)/Gy
    x[which. min(abs(condition_F - p))]
}         ####函数编写结束


y <- seq(from = quantile(affect,0.75,type = 4,names = FALSE) - 6,to =
quantile(affect,0.75,type = 4,names = FALSE) + 6,by = 3)     #赋值向量
CVaR <- numeric(length(y))
for (i in 1:length(y)) {
    CVaR[i] <- CVaR_fun_y(y[i])
}
plot(y,CVaR,xlab = expression(y),ylab = "CVaR",type = 'o',ylim = c
(260,700),pch = 1,lwd = 1.6)
gumbel_parameter <- coef(gumbel_fit. tau) + 0.2     #让 gumbel Copula 参
数等于 1.4109
CVaR_fun_y <- function(y){    ####更新 新参数下不同 y 的 CVaR 函数
    y <- y
    Gy <- c(affect_Fn(y[y <= affect_u]),1 - affect_n * (1 + affect_xi * (y[y >
affect_u] - affect_u)/affect_beta)^( -1/affect_xi)/length(affect))
    x <- seq(from = min(economic),to = max(economic),length = 10000)
    Hx <- c(economic_Fn(x[x <= economic_u]),1 - economic_n * (1 + eco-
nomic_xi * (x[x > economic_u] - economic_u)/economic_beta)^( -1/economic_
xi)/length(economic))
```

A <- (- log(Hx))^gumbel_parameter + (- log(Gy))^gumbel_parameter

condition_F <- exp(- A^(1/gumbel_parameter)) * A^((1 - gumbel_pa-rameter)/gumbel_parameter) * (- log(Gy))^(gumbel_parameter - 1)/Gy

x[which. min(abs(condition_F - p))]

}　　####函数编写结束

y <- seq(from = quantile(affect, 0. 75, type = 4, names = FALSE) - 6, to = quantile(affect, 0. 75, type = 4, names = FALSE) + 6, by = 3)　#赋值向量

CVaR <- numeric(length(y))

for (i in 1:length(y)) {

　CVaR[i] <- CVaR_fun_y(y[i])

}

lines(y, CVaR, type = "o", lty = 2, pch = 4, lwd = 1. 6)

legend(8, 700, expression(theta = = 1. 2109, theta = = 1. 4109) , lty = c(1, 2) , cex = 1, pch = c(1, 4) , lwd = c(1. 6, 1. 6))　#得到本书的图 4 - 24

CIR 利率

t <- 3

alpha <- 0. 4

mu <- 0. 03

sigma <- 0. 02

lambda_r <- - 0. 01

r_0 <- 0. 03

alpha_star <- alpha + lambda_r

gama <- sqrt(alpha_star^2 + 2 * sigma^2)

DT <- {2 * (exp(gama * t) - 1) }/{(alpha_star + gama) * (exp(gama * t) - 1) + 2 * gama}

CT <- {(2 * gama * exp((alpha_star + gama) * t/2))/((alpha_star + ga-ma) * (exp(gama * t) - 1) + 2 * gama) }^{2 * alpha_star * mu/sigma^2}

p0t <- CT * exp(- DT * r_0)

债券价格的蒙特卡洛模拟

gumbel_fit. tau ＜－fitCopula(gumbelCopula(dim ＝2) , economic_affect_Fn_value , method ＝" ml")

#对联合分布函数值进行 gumbelCopula 的最大似然估计

gumbel_parameter ＜－coef(gumbel_fit. tau)

#将 gumbelCopula 参数的最大似然估计值进行赋值

T ＜－3　　#债券期限

lambda ＜－3　　#巨灾发生的次数过程参数

D ＜－c(0. 75 , 0. 9)

economic_F_u ＜－economic_Fn(economic_u)

affect_F_u ＜－affect_Fn(affect_u)

K_X ＜－quantile(economic , D , type ＝4 , names ＝FALSE) ∗ T ∗ lambda

x_attach ＜－quantile(economic , 0. 75 , type ＝4 , names ＝FALSE)

p ＜－0. 75 #置信水平

Hx_attach ＜－c(economic_Fn(x_attach[x_attach ＜＝economic_u]) , 1 － e-conomic_n ∗ (1 ＋economic_xi ∗ (x_attach[x_attach ＞economic_u] － economic_u) / economic_beta) ^(－1/economic_xi) /length(economic))

y ＜－seq(from ＝min(affect) , to ＝max(affect) , by ＝0. 001)

Gy ＜－c(affect_Fn(y[y ＜＝affect_u]) , 1 － affect_n ∗ (1 ＋affect_xi ∗ (y[y ＞affect_u] － affect_u) / affect_beta) ^(－1/affect_xi) /length(affect))

A ＜－(－log(Hx_attach)) ^gumbel_parameter ＋(－log(Gy)) ^gumbel_parameter

condition_F ＜－exp(－ A^(1/gumbel_parameter)) ∗ A^((1 － gumbel_parameter) /gumbel_parameter) ∗ (－ log(Hx_attach)) ^(gumbel_parameter － 1) /Hx_attach

K_Y ＜－y[which. min(abs(condition_F － p))] ∗ T ∗ lambda　　#用数值法近似估计损失变量 Y 的触发值

F ＜－100　　#面值

```
monicishu <- 100000   #模拟次数
meici_F_T <- numeric(monicishu)
j <- 1
while(j <= monicishu)
{
   Nt <- rpois(T, lambda)   #生成 Poisson 随机数
   total_Nt <- sum(Nt)
   if (total_Nt == 0)
      meici_F_T[j] <- F
   else
random_copula <- rCopula(total_Nt, gumbelCopula(gumbel_parameter,
dim = 2))
   #生成 Copula 随机数
   Hx <- random_copula[, 1]
   Gy <- random_copula[, 2]
   Hx_inverse <- c(quantile(economic, Hx[Hx <= economic_F_u], type = 4,
names = FALSE), economic_u + (economic_beta/economic_xi) * ((length(eco-
nomic) * (1 - Hx[Hx > economic_F_u])/economic_n)^(-economic_xi) - 1))
   total_economic <- sum(Hx_inverse)   #得到债券期限内的模拟经济损失
总和

   Gy_inverse <- c(quantile(affect, Gy[Gy <= affect_F_u], type = 4, names =
FALSE), affect_u + (affect_beta/affect_xi) * ((length(economic) * (1 - Gy[Gy >
affect_F_u])/affect_n)^(-affect_xi) - 1))
   total_affect <- sum(Gy_inverse)   #得到债券期限内的模拟受灾面积总和

   if (total_affect > K_Y)   if (total_economic > K_X[2])   meici_F_T[j]
<- 0 else if (total_economic > K_X[1])
      meici_F_T[j] <- ((K_X[2] - total_economic)/(K_X[2] - K_X
[1])) * F else
         meici_F_T[j] <- F else   meici_F_T[j] <- F
      j <- j + 1}
```

price <- mean(meici_F_T * p0t)　#用模拟结果的平均值估计债券价格

二维 Copula 密度函数的 3D 作图

norm. cop　<- normalCopula(0. 7)　#建立参数为 0. 7 的正态 Copula

t. cop　<- tCopula(0. 7,dim = 2)　#建立参数为 0. 7 的 t - Copula

gumbel. cop <- gumbelCopula(1. 5,dim = 2)　#建立参数为 1. 5 的 gumbel Copula

clayton. cop <- claytonCopula(1. 5,dim = 2)　#建立参数为 1. 5 的正态 clayton Copula

frank. cop <- frankCopula(2,dim = 2)　#建立参数为 2 的 frank Copula

x <- seq(0. 02,0. 98,by = 0. 02)

y <- x

density_copula <- matrix(0,length(x),length(y))

for (i in 1:length(x)) for (j in 1:length(y))

density_copula[i,j] <- dCopula(c(x[i],y[j]),norm. cop)

norm. cop 或 t. cop 或 gumbel. cop 或 clayton. cop 或 frank. cop

persp(x,y,density_copula,

　　　main = " ",

　　　theta = 120,phi = 20,

　　　r = 50,

　　　d = 0. 1,

　　　xlab = "u",

　　　ylab = "v",

　　　zlab = "Gaussian c(u,v)",

　　　expand = 0. 5,

　　　ltheta = 90,lphi = 180,

　　　shade = 0. 75,

　　　ticktype = "detailed",

　　　nticks = 5)

参 考 文 献

［1］曹春红，侯威，封国林，等．近极值广义态密度及其在极端温度天气中的应用［J］．扬州大学学报（自然科学版），2016，19（1）：31－36.

［2］曹玉松．基于极值理论的河南省农业再保险定价问题研究［J］．许昌学院学报，2021，40（5）：16－20.

［3］耿贵珍，王慧彦．基于POT-GPD模型的地震巨灾损失分布研究［J］．自然灾害学报，2016，25（3）：153－158.

［4］黄英君，李江艳，韩经纬．基于Monte Carlo模拟的巨灾风险债券定价研究——以中国洪水巨灾债券为例［J］．预测，2016，35（2）：50－55.

［5］何树红，黄振雄，郑尚平．基于Copula模型的云南省地质灾害风险评估研究［J］．云南大学学报（自然科学版），2023，45（2）：256－265.

［6］韩天雄，陈建华．巨灾风险证券化产品的定价问题［J］．保险研究，2003（12）：31－33.

［7］韩雪．基于Esscher变换的巨灾债券定价模型研究［J］．财经问题研究，2014（6）：63－67.

［8］胡心瀚，叶五一，缪柏其．基于Copula-ACD模型的股票连涨和连跌收益率风险分析［J］．系统工程理论与实践，2010，30（2）：298－304.

［9］韩超，严太华．基于高维动态藤Copula的汇率组合风险分析［J］．中国管理科学，2017，25（2）：10－20.

［10］何敏园，李红权．全球股市间的相依结构与极值风险溢出：基于藤Copula的金融复杂性分析［J］．管理评论，2020，32（1）：102－110.

［11］李永，刘鹃．基于无套利利率模型的台风巨灾债券定价研究［J］．预测，2010，29（1）：49－53.

［12］李永，胡帅，范蓓．随机利率下跨期多事件触发巨灾债券定价研究［J］．中国管理科学，2013，21（5）：8－14.

［13］刘洋，朱衡．基于 g-h 分布的我国地震巨灾债券定价研究［J］．金融与经济，2022（5）：14 –22.

［14］刘鹃，李永．中国地震损失分布与巨灾债券定价研究［J］．财贸研究，2009，20（6）：82 –88.

［15］李冬，肖遥．我国地震巨灾债券定价的实证研究［J］．求索，2009（5）：11 –13.

［16］刘新红，孟生旺，李政宵．地震损失风险的 Copula 混合分布模型及其应用［J］．系统工程理论与实践，2019，39（7）：1855 –1866.

［17］陆静，张佳．基于极值理论和多元 Copula 函数的商业银行操作风险计量研究［J］．中国管理科学，2013，21（3）：11 –19.

［18］李磊，叶五一，缪柏其．基于 C 藤 copula 的收益率自相关结构估计以及条件 VaR 计算［J］．中国科学技术大学学报，2013，43（9）：745 –753.

［19］刘静，肖宇谷，曾宇哲．基于指数效用函数的零息巨灾债券无差异定价［J］．保险研究，2018（8）：35 –46.

［20］林沛延，林陪晖，王俊，王乃玉．基于机器学习方法的浙江省台风灾害风险评估和动态风险预报［J］．自然灾害学报，2023，32（4）：13 –24.

［21］马宗刚，邹新月，马超群．双随机复合泊松损失下巨灾债券定价与数值模拟［J］．中国管理科学，2016，24（10）：35 –43.

［22］马薇，马会元，邓梦馨．基于 R Vine Copula 模型的条件相依结构稳健性研究［J］．统计与决策，2021，37（20）：30 –34.

［23］马昌风，柯艺芬，谢亚君．机器学习算法［M］．北京：科学出版社，2021.

［24］彭选华．基于 D-vine-Copula-DCC-GARCH 模型的比特币市场风险溢出效应研究［J］．数理统计与管理，2023，42（4）：701 –713.

［25］潘冠中，马晓兰．应该用哪一个模型来描述中国货币市场利率的动态变化［J］．数量经济技术经济研究，2006（12）：54 –63.

［26］秦学志，吴冲锋．或有要求权的定价方法及无套利价格区间［J］．系统工程学报，2003，18（2）：159 –162.

［27］任仙玲，张世英．基于非参数核密度估计的 Copula 函数选择原理［J］．系统工程学报，2010，25（1）：36 –42.

［28］尚勤，秦学志，周颖颖．巨灾死亡率债券定价模型研究［J］．系统工程学报，2010，25（2）：203-208.

［29］邵新力，邵非易．中国台风巨灾债券利率定价研究——基于均衡定价理论［J］．财经理论与实践，2014，35（6）：24-28.

［30］施建祥，邬云玲．我国巨灾保险风险证券化研究——台风灾害债券的设计［J］．金融研究，2006（5）：103-112.

［31］孙伟，牛津津．关于我国地震灾害损失分布函数的研究［J］．统计与决策，2008（13）：4-5.

［32］尚勤，秦学志，张悦玫，等．基于 Copula 函数和王变换的巨灾死亡率债券定价研究［J］．大连理工大学学报，2012（1）：139-145.

［33］尚勤，秦学志，周颖颖．巨灾死亡率债券定价模型研究［J］．系统工程学报，2010，25（2）：203-208.

［34］田玲，吴亚玲，沈祥成．基于 CVaR 的地震巨灾保险基金规模测算［J］．经济评论，2016（4）：141-150.

［35］翁成峰，韦勇凤，巴曙松．中国参数化地震巨灾债券的定价分析［J］．中国科学技术大学学报，2013，43（12）：1026-1032.T

［36］韦勇凤，翁成峰，李勇，等．基于 Wang 双因素变换的公私合作中国地震巨灾债券定价［J］．数理统计与管理，2015，34（3）：513-520.

［37］王子仪，李磊．金融业与实体经济间系统性风险溢出效应研究——基于 GARCH-QRNN-POT 模型［J］．兰州财经大学学报，2023，39（2）：76-89.

［38］魏龙飞，赵苑达，包振华．基于触发机制和支付结构的巨灾债券定价研究——以我国地震灾害为例［J］．财经论丛，2020（11）：53-62.

［39］韦艳华，张世英．Copula 理论及其在金融分析上的应用［M］．北京：清华大学出版社，2008.

［40］吴菲，刘蒙蒙．基于动态 Vine Copula 模型的金融市场风险溢出效应研究［J］．运筹与管理，2023，32（6）：179-185.

［41］谢世清．巨灾债券的精算定价模型评析［J］．财经论丛，2011，156（1）：70-76.

［42］徐君，郭宝才．基于 RT-GAS Copula 模型的经济金融行业非对称相依性及风险溢出研究［J］．统计研究，2023，40（5）：64-77.

［43］徐家庆，卢俊香．基于 Vine-Copula 模型的新冠肺炎疫情下金砖

五国金融市场间的风险研究 [J]. 宁夏大学学报（自然科学版），2022，43（3）：239－245.

[44] 许启发，李辉艳，蒋翠侠. 基于 Copula－分位数回归的供应链金融多期贷款组合优化 [J]. 中国管理科学，2017，25（6）：50－60.

[45] 徐漼，宫阿都，包文轩. 基于机器学习的不可移动文物暴雨灾害风险评估——以山西省为例 [J]. 自然灾害学报，2023，32（4）：25－35.

[46] 杨晔. 巨灾债券的定价模型比较研究 [J]. 统计与决策，2008（6）：25－27.

[47] 杨帆，周明. 中国巨灾债券定价策略与期限结构研究——以地震债券为例 [J]. 金融经济学研究，2016（3）：118－128.

[48] 杨晔. 关于巨灾债券定价模型的研究 [J]. 数理统计与管理，2009，28（5）：942－950.

[49] 杨湘豫，李强. 基于贝叶斯方法与时变 Copula 模型的基金风险的度量 [J]. 财经理论与实践，2018，39（1）：63－68.

[50] 于金明，金秀，刘月立. 危机时期中国股市跨行业风险传染效应 [J]. 东北大学学报（自然科学版），2023，44（6）：898－905，912.

[51] 余博，邹宇翔，管超. 我国金融机构的系统风险重要性研究——基于 Clayton Copula 函数方法和 MST 网络模型 [J]. 保险研究，2021（6）：11－27.

[52] 朱文革. 模糊性厌恶和巨灾风险定价研究 [J]. 保险研究，2016（10）：63－70.

[53] 张笑玎，米岩，乔慧淼. 复合触发机制下地震巨灾债券定价研究——考虑风险反馈的影响 [J]. 保险研究，2018，1（1）：67－78.

[54] 展凯，刘苏珊. 基于 Copula 方法的复合触发机制巨灾债券定价研究 [J]. 保险研究，2019（11）：13－24.

[55] 展凯，刘苏珊，方强. 基于 Wang 两因素模型的台风巨灾债券定价——利用广东省台风数据的实证研究 [J]. 南方金融，2019（10）：58－66.

[56] 朱孟骅. 基于 Wang 双因素变换的我国地震债券定价研究 [J]. 经济研究参考，2010（38）：58－64.

[57] 张节松. 一类巨灾冲击模型及其债券定价 [J]. 深圳大学学报（理工版），2020，38（2）：208－213.

[58] 张昱城，葛林洁，李延军. 股票流动性对股市尾部风险的影响——

基于 POT 模型的实证研究 [J]. 东北大学学报（社会科学版），2021，23（2）：21 – 28.

[59] 赵纬，宋松柏，张更喜. 基于 EVT 法和 MC 模型的极限水文干旱历时计算研究 [J]. 西北农林科技大学学报（自然科学版），2018，46（11）：129 – 135.

[60] 赵昕，王小涵，郑慧. 内嵌 POT 损失分布拟合模型的风暴潮灾害风险价值测算 [J]. 海洋环境科学，2018，37（5）：773 – 779.

[61] 卓志，王伟哲. 巨灾风险厚尾分布：POT 模型及其应用 [J]. 保险研究，2011（8）：13 – 19.

[62] 曾诗鸿，贾婧敏，姚树洁，等. 基于 Copula 模型的中国碳市场叠加风险度量 [J]. 金融研究，2023（3）：93 – 111.

[63] 周孝华，张保帅，董耀武. 基于 Copula-SV-GPD 模型的投资组合风险度量 [J]. 管理科学学报，2013，15（12）：70 – 78.

[64] 赵喜仓，刘寅飞，叶五一. 基于半参数多元 Copula-GARCH 模型的开放式基金投资组合风险分析 [J]. 数理统计与管理，2011，30（2）：352 – 362.

[65] 卓志，段胜. 中国巨灾保险制度：政府抑或市场主导——基于动态博弈的路径演化分析 [J]. 金融研究，2016（8）：85 – 94.

[66] Albrecher H, Hartinger J, Tichy R F. QMC techniques for CAT bond pricing [M]. Springer Berlin Heidelberg, 2004.

[67] Briys E. From Genoa to Kobe：Natural hazards, insurance risks and the pricing of insurance-linked bonds [M]. London Lehman Brothers International, 1997.

[68] Baryshnikov Y, Mayo A, Taylor D R. Pricing of CAT bonds [M]. New York：Columbia University Press, 2001.

[69] Burnecki K, Kukla G. Pricing of zero-coupon and coupon CAT bonds [J]. Applications Mathematics, 2003, 30（3）：315 – 324.

[70] Balkema A A, Haan L D. Residual life time at great age [J]. Annals of Probability, 1974, 2（5）：792 – 804.

[71] Berger T. Forecasting value-at-risk using time varying copulas and EVT return distributions [J]. International Economics, 2013（133）：93 – 106.

[72] Cummins J D. CAT bonds and other risk-linked securities：State of the

market and recent development [J]. Risk Management and Insurance Review, 2008, 11 (1): 23 – 47.

[73] Chang C W, Chang J, Lu W L. Pricing catastrophe options with stochastic claim arrival intensity in claim time [J]. Journal of Banking and Finance, 2010, 34 (1): 24 – 32.

[74] Cox S H, Pedersen H W. Catastrophe risk bonds [J]. North American Actuarial Journal, 2000, 4 (4): 56 – 82.

[75] Chen J, Yang L, Shao Q, et al. Pricing and simulation for extreme flood catastrophe bonds [J]. Water Resources Management, 2013, 27 (10): 3713 – 3725.

[76] Cummins J D. CAT bonds and other risk-linked securities: Product design and evolution of the market [M]. Social Science Electronic Publishing, 2012.

[77] Cossette H, Marceau E, Mtalai I, et al. Dependent risk models with Archimedean copulas: A computational strategy based on common mixtures and applications [J]. Insurance: Mathematics and Economics, 2018 (78): 53 – 71.

[78] Dieckmann S. By force of nature: Explaining the yield spread on catastrophe bonds [J]. Risk Management and Insurance Review, 2008, 11 (1): 23 – 47.

[79] Egami M, Young V R. Indifference prices of structured catastrophe (CAT) bonds [J]. Insurance Mathematics and Economics, 2008, 42 (2): 771 – 778.

[80] Fisher R A, Tippett L H C. Limiting forms of the frequency distribution of the largest or smallest member of a sample [J]. Mathematical Proceedings of the Cambridge Philosophical Society, 1928, 24 (2): 180 – 190.

[81] Friedberg L, Webb A. Life is cheap: Using mortality bonds to hedge aggregate mortality risk [R]. Working Paper, 2005: 13 – 28.

[82] Galeotti M, Gürtler M, Winkelvos C. Accuracy of premium calculation models for CAT bonds—An empirical analysis [J]. Journal of Risk and Insurance, 2013, 80 (2): 401 – 421.

[83] Gürtler M, Hibbeln M, Winkelvos C. The impact of the financial crisis and natural catastrophes on CAT bonds [J]. Journal of Risk and Insurance,

2016, 83 (3): 579 – 612.

[84] Gumbel E J. Statistics of extremes [M]. New York: Columbia University Press, 1958.

[85] Ghorbel A I. Optimal dynamic hedging strategy with futures oil markets via FIEGARCH-EVT copula models [J]. International Journal of Managerial and Financial Accounting, 2012, 4 (1): 1 – 28.

[86] Ganguli P, Reddy M J. Risk assessment of droughts in Gujarat using bivariate Copulas [J]. Water Resources Management, 2012, 26 (11): 3301 – 3327.

[87] Härdle W K, Cabrera B L. Calibrating CAT bonds for Mexican earthquakes [J]. Journal of Risk and Insurance, 2010, 77 (3): 625 – 650.

[88] Huang Y L, Tsai J T, Yang S S, et al. Price bounds of mortality-linked security in incomplete insurance market [J]. Insurance Mathematics and Economics, 2014, 55 (2): 30 – 39.

[89] Huang C F, Litzenberger R H. Foundations for financial economics [M]. North-Holland, 1988.

[90] Jia S, Pantelous A, Papaioannou A D. Catastrophe risk bonds with applications to earthquakes [J]. European Actuarial Journal, 2015, 5 (1): 1 – 26.

[91] Joyce J, Chang N B, Harji R, et al. Coupling infrastructure resilience and flood risk assessment via copulas analyses for a coastal green-grey-blue drainage system under extreme weather events [J]. Environmental Modelling and Software, 2018 (100): 82 – 103.

[92] Karagiannis N, Assa H, Pantelous A A, et al. Modelling and pricing of catastrophe risk bonds with a temperature-based agricultural application [J]. Quantitative Finance, 2016, 16 (12): 1949 – 1959.

[93] Kunreuther H, Heal G, Allen M, et al. Risk management and climate change [R]. Nber Working Papers, 2012, 3 (5): 447 – 450.

[94] Karmakar M. Estimation of tail-related risk measures in the Indian stock market: An extreme value approach [J]. Review of Financial Economics, 2013, 22 (3): 79 – 85.

[95] Kupiec P. Techniques for verifying the accuracy of risk management

models ［J］. Journal of Derivatives，1995，3（2）：73 - 84.

［96］ Kumar P，Shoukri M M. Evaluating aortic stenosis using the Archime-
dean Copula methodology ［J］. Journal of Data Science，2008，6（2）：173 -
187.

［97］ Litzenberger R H，Beaglehole D R，Reynolds C E. Assessing catastro-
phe reinsurance-linked securities as a new asset class ［J］. Journal of Portfolio
Management，1996（23）：76 - 86.

［98］ Loubergé H，Kellezi E，Gilli M. Using catastrophe-linked securities to
diversify insurance risk：A financial analysis of CAT bonds ［J］. Journal of Insur-
ance Issues，1999，22（2）：125 - 146.

［99］ Lee J P，Yu M T. Pricing default-risky cat bonds with moral hazard
and basic risk ［J］. Journal of Risk and Insurance，2002，69（1）：25 - 44.

［100］ Lee J P，Yu M T. Valuation of catastrophe reinsurance with catastro-
phe bonds ［J］. Insurance Mathematics & Economics，2007，41（2）：264 -
278.

［101］ Lai V S，Parcollet M，Lamond B F. The valuation of catastrophe
bonds with exposure to currency exchange risk ［J］. International Review of Finan-
cial Analysis，2014，33（5）：243 - 252.

［102］ Leppisaari M. Modeling catastrophe deaths using EVT with a micro-
simulation approach to reinsurance pricing ［J］. Scandinavia Actuarial Journal，
2016（2）：113 - 145.

［103］ Lu M J，Chen Y H，Hardle W K. Copula-based factor model for
credit risk analysis ［J］. Review of Quantitative Finance and Accounting，2016，
49（4）：1 - 23.

［104］ Merton R C. Option pricing when underlying stock returns are discon-
tinuous ［J］. Journal of Financial Economics，1975，3（1）：125 - 144.

［105］ Ma Z G，Ma C Q. Pricing catastrophe risk bonds：A mixed approxi-
mation method ［J］. Insurance Mathematics and Economics，2013，52（2）：
243 - 254.

［106］ Magnou G. An Application of extreme value theory for measuring fi-
nancial risk in the Uruguayan pension fund ［J］. Compendium Cuadernos De
Economía Y Administración，2017，4（1）：1 - 19.

［107］ Mcneil A J. Calculating quantile risk measures for financial return series using extreme value theory ［J］. Advances in Applied Probability, 1998 (4): 703 –724.

［108］ Nowak P, Romaniuk M. Pricing of catastrophe bond in fuzzy framework ［M］. Springer Berlin Heidelberg, 2013.

［109］ Naifar N. Modelling dependence structure with Archimedean copulas and applications to the itraxx CDS index ［J］. Journal of Computational and Applied Mathematics, 2011, 235 (8): 2459 –2466.

［110］ Nelsen R B. An Introduction to Copulas ［M］. New York: Springer, 2006.

［111］ Poncet P, Vaugirard V E. The pricing of insurance-linked securities under interest rate uncertainty ［J］. Journal of Risk Finance, 2002, 3 (3): 48 –59.

［112］ Posner R A. Catastrophe: Risk and response ［M］. Oxford University Press, 2004.

［113］ Pickands J. Statistical inference using extreme order statistics ［J］. The Annals of Statistics, 1975, 3 (1): 119 –131.

［114］ Pierre P. Estimation of value at risk using extreme value theory ［R］. Eidgenössiche Technische Hochschule Zürich, 2000.

［115］ Paul Embrechts, Filip Lindskog, Alexander McNeil. Modeling dependence with Copulas and application to risk management ［R］. Working paper, 2001.

［116］ Reshetar G. Pricing of multiple-event coupon paying CAT bond ［R］. Working paper, Swiss Banking Institute, 2008.

［117］ Swiss Re. Capital market innovation in the insurance industry ［R］. Zurich, Switzerland, Sigma, 2001, 3.

［118］ She D, Xia J. Copulas-based drought characteristics analysis and risk assessment across the loess plateau of China ［J］. Water Resources Management, 2018 (32): 547 –564.

［119］ Sklar A. Distribution functions of n dimensions and margins ［J］. Publication of the Institute of Statistics of the University of Paris, 1959 (8): 229 –231.

[120] Trottier D A, Lai V S. Reinsurance or CAT bond? How to optimally combine both [C]. World Risk and Insurance Economics Congress, 2015.

[121] Vaugirard V E. Pricing catastrophe bonds by an arbitrage approach [J]. The Quarterly Review of Economics and Finance, 2003, 43 (1): 119 – 132.

[122] Vaugirard V E. Valuating catastrophe bonds by Monte Carlo simulations [J]. Applied Mathematical Finance, 2004, 10 (1): 75 – 90.

[123] Vaugirard V. A canonical first passage time model to pricing nature-linked bonds [J]. Economics Bulletin, 2004, 7 (2): 1 – 7.

[124] Vela A C. Extreme value theory: An application to the Peruvian stock market returns [J]. Journal of Quantitative Methods for Economics and Business Administration, 2017, 43 (3): 48 – 74.

[125] Vasicek O. An equilibrium characterization of the term structure [J]. Journal of Financial and Quantitative Analysis, 1977, 12 (4): 627 – 627.

[126] Wang S S. Equilibrium pricing transforms: New results using buhlmann's 1980 economic model [J]. Astin Bulletin, 2003, 33 (1): 57 – 73.

[127] Wang S S. A class of distortion operators for pricing financial and insurance risks [J]. Journal of Risk and Insurance, 2000, 67 (1): 15 – 36.

[128] Wang S. A universal framework for pricing financial and insurance risks [J]. Astin Bulletin, 2002, 32 (2): 213 – 234.

[129] Woo G. A catastrophe bond niche: Multiple event risk [R]. Working Paper, NBER Insurance Group Work-Shop, Cambridge, 2004.

[130] Wang C L, Wu J D, Wang X, He X. Application of the hidden Markov model in a dynamic risk assessment of rainstorms in Dalian, China [J]. Stochastic Environmental Research and Risk Assessment, 2018, 32 (7): 2045 – 2056.

[131] Young V R. Pricing life insurance under stochastic mortality via the instantaneous Sharpe ratio [J]. Insurance Mathematics and Economics, 2007, 42 (2): 691 – 703.

[132] Yang H L, Zhang L H. Optimal investment for insurer with jump-diffusion risk process [J]. Insurance: Mathematics and Economics, 2005 (3): 615 – 634.

［133］Yu W, Yang K, Wei Y, et al. Measuring value-at-risk and expected shortfall of crude oil portfolio using extreme value theory and vine copula ［J］. Physic A Statistical Mechanics and Its Applications, 2018（490）: 1423 – 1433.

［134］Zajdenweber D. The valuation of catastrophe-reinsurance-linked securities ［C］. American Risk and Insurance Association Meeting, 1998.

［135］Zimbidis A A, Frangos N E, Pantelous A A. Modeling earthquake risk via extreme value theory and pricing the respective catastrophe bonds ［J］. Astin Bulletin the Journal of the Iaa, 2007, 37（1）: 163 – 183.